Impressum
Verlag: BABADADA GmbH, Nedderfeld 112 , 22529 Hamburg
Geschäftsführer / Verlagsleitung: Harald Hof
Druck: Books on Demand GmbH, In de Tarpen 42, 22848 Norderstedt

Imprint
Publisher: BABADADA GmbH, Nedderfeld 112 , 22529 Hamburg, Germany
Managing Director / Publishing direction: Harald Hof
Print: Books on Demand GmbH, In de Tarpen 42, 22848 Norderstedt

ကျောင်း
學校

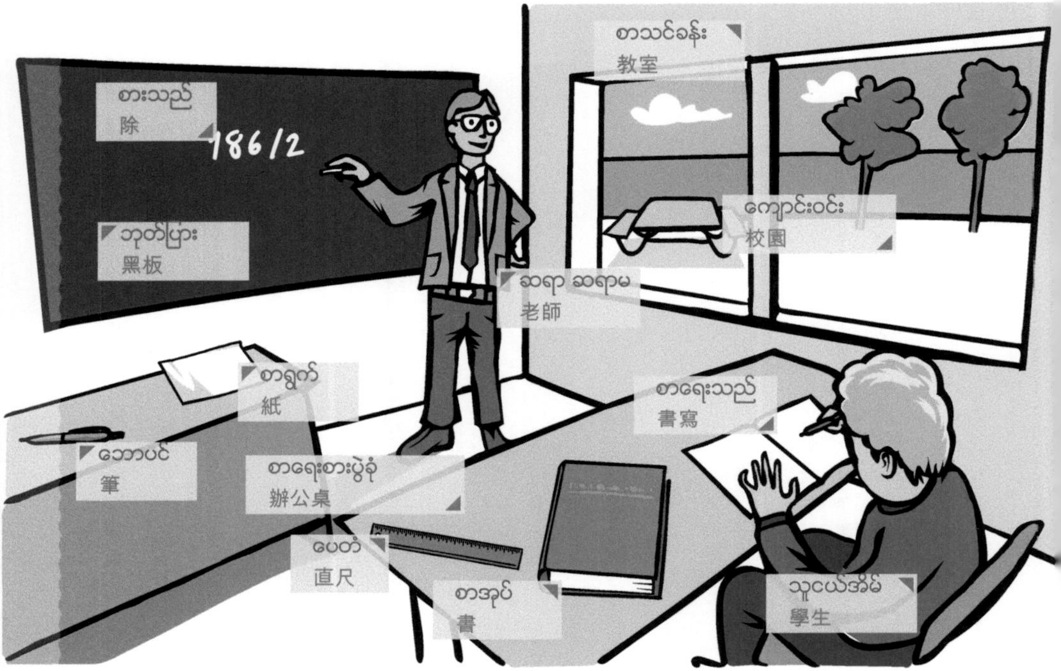
စာသင်ခန်း
教室
စားသည်
除
186/2
ဘုတ်ပြား
黑板
ကျောင်းဝင်း
校園
ဆရာ ဆရာမ
老師
စာရွက်
紙
စာရေးသည်
書寫
ဘောပင်
筆
စာရေးစားပွဲခုံ
辦公桌
ပေတံ
直尺
စာအုပ်
書
သူငယ်အိမ်
學生

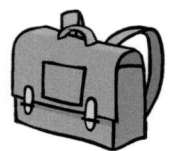

အဖုံးပါ ဘေးလွယ်အိတ်

書包

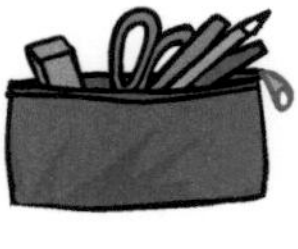

ခဲတံဗူး

鉛筆盒

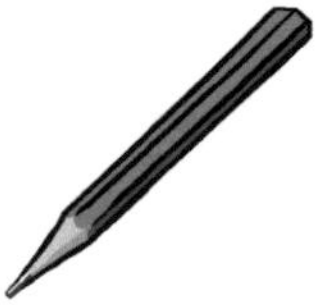

ခဲတံ

鉛筆

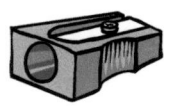

ချွန်စက်

削鉛筆機

ခဲဖျက်

橡皮擦

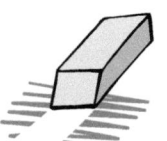

ပုံဆွဲစာအုပ်

畫板

ပုံဆွဲခြင်း

圖畫

ဆေးခြယ်သည့် စုပ်တံ

畫筆

အရောင်စုံ ပုံး

顏料盒

ကပ်ကြေး

剪刀

ကော်

膠水

လေ့ကျင့်ခန်းစာအုပ်

練習冊

အိမ်စာ

家庭作業

နံပါတ်

數字

ပေါင်းသည်

加

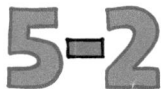

နုတ်သည်

減

မြှောက်သည်

乘

တွက်ပါ

計算

စာ

字母

အက္ခရာ

字母表

စကားလုံး

字

ကျောင်း - 學校

ဖတ်စာအုပ်
....
課文

ဖတ်သည်
....
讀

မြေဖြူ
....
粉筆

သင်ခန်းစာ
....
上課

ကျောင်းခေါ်ချိန်
မှတ်တမ်းစာအုပ်
....
登記

စာမေးပွဲ
....
考試

အထောက်အထားလက်မှတ်
....
證書

ကျောင်းဝတ်စုံ
....
校服

ပညာရေး
....
教育

စွယ်စုံကျမ်း
....
百科全書

တက္ကသိုလ်
....
大學

အနက္ကြည့်မှန်ပြောင်း
....
顯微鏡

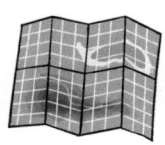

မြေပုံ
....
地圖

အမှိုက်စက္ကူပုံး
....
廢紙簍

ခရီးသွားသည်

旅行

ဟိုတယ်
飯店
Grand
ဘော်ဒါဆောင်
青年旅社
ROOMS
ငွေလဲဌာန
外幣兌換處
ခရီးဆောင်အိတ်
手提箱
ကား
汽車

ဘာသာစကား

語言

မှန် / မှား

是/否

အိုကေ

好的

ဟယ်လို

您好

ဘာသာပြန်

翻譯人員

ကျေးဇူးတင်ပါတယ်

謝謝

......က ဘယ်လောက်လဲ။

......多少錢？

ကျွန်ုပ် နားမလည်ဘူး

我不明白

ပြဿနာ

問題

မင်္ဂလာ ညနေခင်းပါ။

晚上好！

မင်္ဂလာ နံနက်ခင်းပါ။

早上好！

မင်္ဂလာ ညပါ။

晚安！

ဘိုင်းဘိုင်

再見

ဦးတည်ရာ

方向

ခရီးဆောင်သေတ္တာ

行李

အိတ်

包

ကျောပိုးအိတ်

背包

ဧည့်သည်

客人

အခန်း

房間

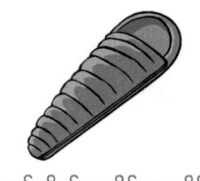

တစ်ကိုယ်စာအိပ်ယာလိပ်

睡袋

ရွက်ထည်တဲ

帳篷

ခရီးသွားသွည်သည်အတွက်
သတင်းအချက်အလက်

旅行資訊

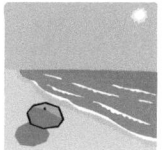

ကမ်းခြေ

海灘

အကြွေးဝယ်ကတ်

信用卡

နံက်စာ

早餐

နေ့လည်စာ

午餐

ညစာ

晚餐

လက်မှတ်

票

ဓာတ်လှေကား

電梯

တံဆိပ်ခေါင်း

郵票

နယ်စပ်

邊界

အခွန်များ

海關

သံရုံး

大使館

ဗီဇာ

簽證

နိုင်ငံကူးလက်မှတ်

護照

သယ်ယူပို့ဆောင်ရေး

交通運送

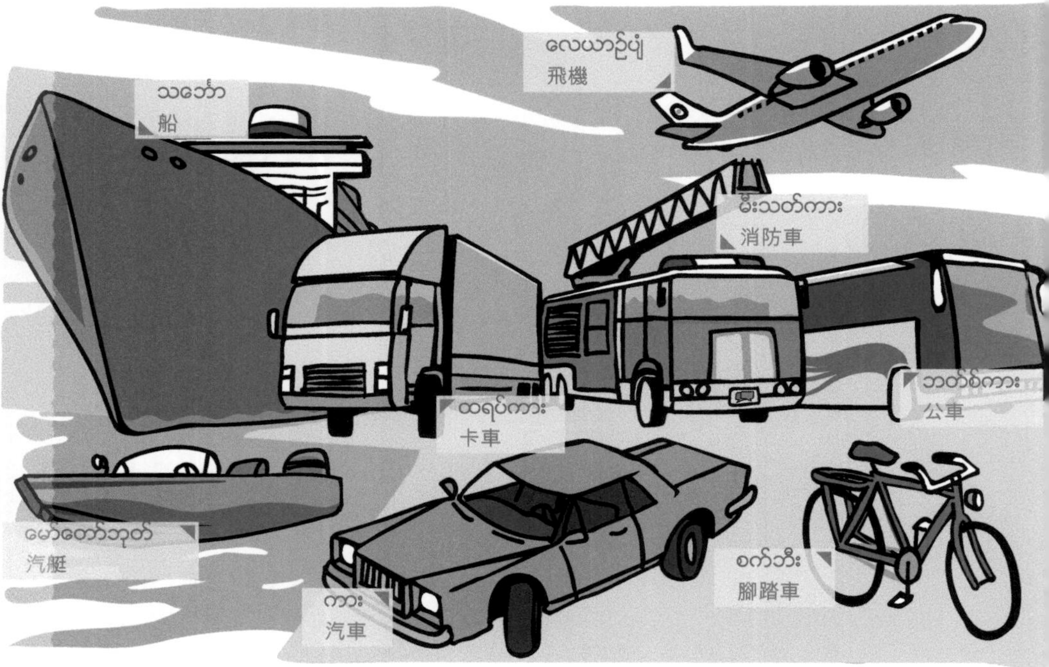

လေယာဉ်ပျံ
飛機
သင်္ဘော
船
မီးသတ်ကား
消防車
ဘတ်စ်ကား
公車
ထရပ်ကား
卡車
မော်တော်ဘုတ်
汽艇
စက်ဘီး
腳踏車
ကား
汽車

ဖယ်ရီသင်္ဘော

渡輪

လှေ

小船

မော်တော်ဆိုက်ကယ်

機車

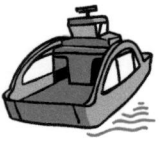

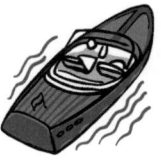

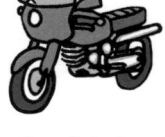

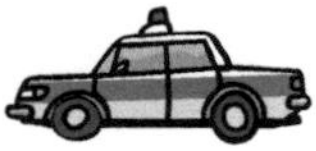

ရဲကား

警車

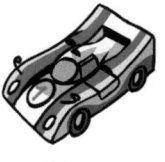

ပြိုင်ကား

賽車

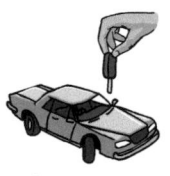

စင်းလုံးငှားကား

租車

ကားဝေမျှသုံးစွဲခြင်း

拼車

ပျက်နေသော ထရပ်ကား

拖車

အမှိုက်သယ်ယာဉ်

垃圾車

မော်တာ

馬達

လောင်စာ

汽油

ဓာတ်ဆီဆိုင်

加油站

လမ်းကြောပြ ဆိုင်းဘုတ်

交通標識

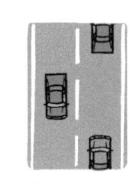

ယာဉ်အသွားအလာ

交通

လမ်းကြောပိတ်ဆို့မှု

交通堵塞

ကားရပ်နားရာနေရာ

停車場

ရထားဘူတာရုံ

火車站

လမ်းကြောင်းများ

軌道

ရထား

火車

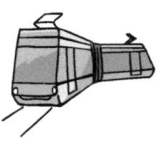

ဓာတ်ရထား

路面電車

ရထားလုံး

客車廂

ဟယ်လီကော်ပီတာ

直升機

လေဆိပ်

機場

တာဝါ

塔

ခရီးသည်

乘客

ထည့်စရာပုံး

集裝箱

ကတ်ထူပုံး

紙板箱

လှည်း

手推車

ခြင်း

籃子

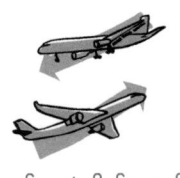

ထွက်ခွာ / ဆိုက်ရောက်

起飛/降落

မြို့တော်
城市

ကျေးရွာ

村莊

မြို့လယ်ခေါင်

市中心

အိမ်

房子

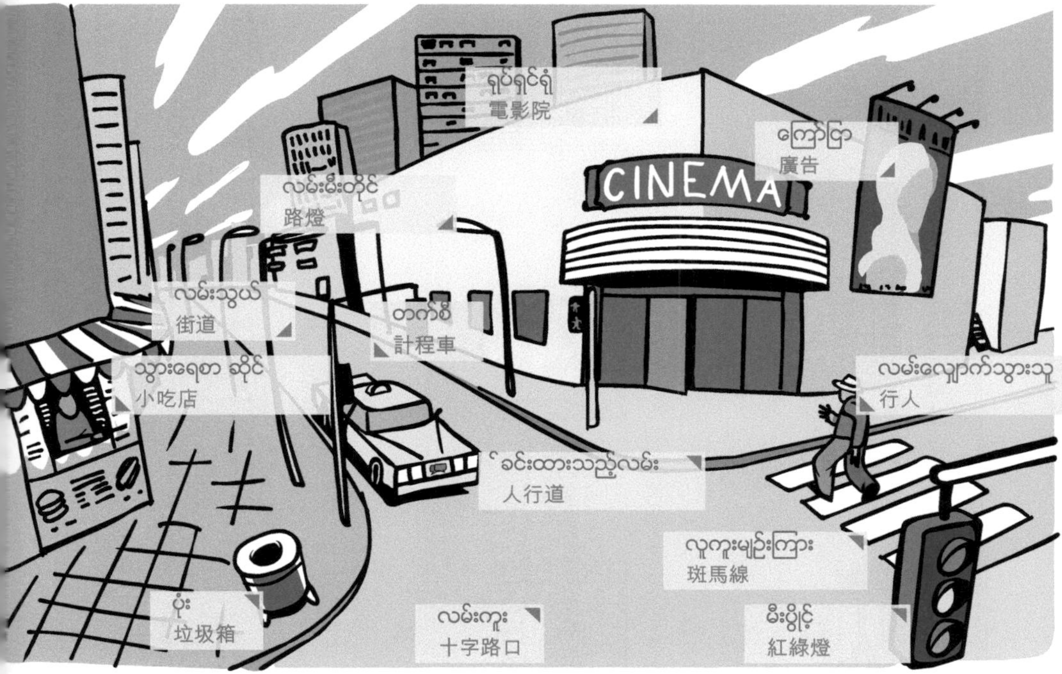
ရုပ်ရှင်ရုံ
電影院
ကြော်ငြာ
廣告
CINEMA
လမ်းမီးတိုင်
路燈
လမ်းသွယ်
街道
တက္ကစီ
計程車
သွားရေစာ ဆိုင်
小吃店
လမ်းလျှောက်သွားသူ
行人
ခင်းထားသည့်လမ်း
人行道
လူကူးမျဉ်းကြား
斑馬線
ပုံး
垃圾箱
လမ်းကူး
十字路口
မီးပွိုင့်
紅綠燈

တဲအိမ်

小屋

နေအိမ်ခန်း

公寓

ရထားဘူတာရုံ

火車站

မြို့တော်ခန်းမ

市政廳

MUSEUM

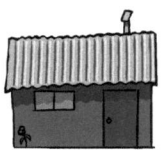

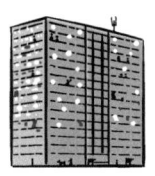

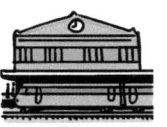

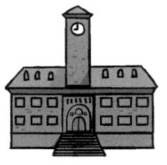

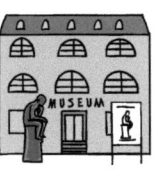

ပြတိုက်

博物館

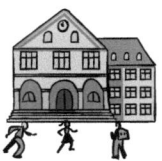

ကျောင်း

學校

တက္ကသိုလ်

大學

ဘဏ်

銀行

ဆေးရုံ

醫院

ဟိုတယ်

飯店

ဆေးဆိုင်

藥房

ရုံးခန်း

辦公室

စာအုပ်ဆိုင်

書店

ဆိုင်

商店

ပန်းရောင်းသူ၏

花店

စူပါမားကက်

超市

ဈေး

市場

ပစ္စည်းမျိုးစုံရောင်းသည့်
စတိုးဆိုင်ကြီး

百貨商店

ငါးရောင်းသူ၏

魚店

ဈေးဝယ်စင်တာ

購物中心

သင်္ဘောဆိပ်

海港

အနားယူပန်းခြံ

公園

ထိုင်ခုံတန်း

長凳

တံတား

橋

လှေကားထစ်များ

樓梯

မြေအောက်

捷運

ဥမင်လိုင်ခေါင်း

隧道

ဘတ်စ်ကားမှတ်တိုင်

公車站

ဘား

酒吧

စားသောက်ဆိုင်

餐館

စာတိုက်သေတ္တာ

郵筒

လမ်းဆိုင်းဘုတ်

路標

ကားရပ်နားခ ကောက်ခံသည့်
မီတာ

停車計時器

တိရိစ္ဆာန်ရုံ

動物園

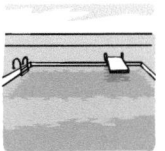

ရေကူးကန်

游泳池

ဗလီ

清真寺

လယ်ယာ

農場

ညစ်ညမ်းမှု

污染

သချႌႈ င်းကုန်း

墓地

ဘုရားရှိခိုးကျောင်း

教堂

ကစားကွင်း

操場

ဘုရားကျောင်း

寺廟

ရှုခင်း

地形

သစ်ရွက်
樹葉

ဆိုင်းဘုတ်
指示牌

လမ်း
路

မြက်ခင်း
草地

ကျောက်တုံး
石頭

သစ်ပင်
樹

တောင်တက်သမား
徒步旅行者

မြစ်
河

မြက်
草

ပန်း
花

တောင်ကြား

峽谷

တောင်ကုန်း

丘陵

ရေကန်

湖

သစ်တော

森林

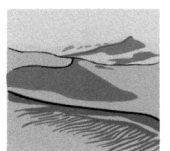

သဲကန္တာရ

沙漠

မီးတောင်

火山

ရဲတိုက်

城堡

သက်တန့်

彩虹

မှို

蘑菇

ထန်းပင်

棕櫚樹

ခြင်

蚊子

ပျံသန်းသည်

蒼蠅

ပုရွက်ဆိတ်

螞蟻

ပျား

蜜蜂

ပင့်ကူ

蜘蛛

ပိုးတောင်မာ

甲蟲

ဖား

青蛙

ရှဉ့်

松鼠

ဖြူကောင်

刺蝟

ယုန်

野兔

ဇီးကွက်

貓頭鷹

ငှက်

鳥

ငန်း

天鵝

တောဝက်

野豬

သမင်

鹿

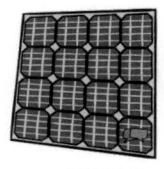

ချိုပြားဒရယ်

麋鹿

ဆည်

水壩

လေအားသုံး
လျှပ်စစ်ဓာတ်အားပေးစက်

風力發電機

နေရောင်ခြည်ခံပြား

太陽能電池板

ရာသီဥတု

氣候

စားသောက်ဆိုင်

餐館

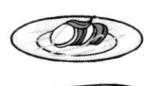

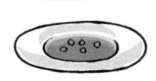

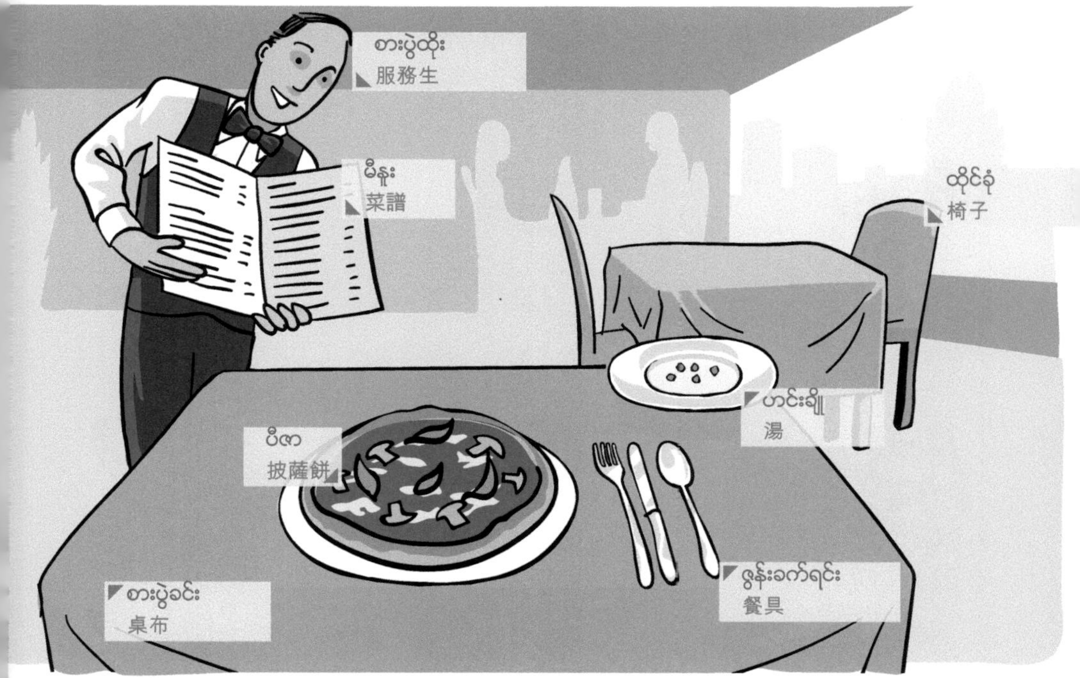

စားပွဲထိုး
服務生
မီနူး
菜譜
ထိုင်ခုံ
椅子
ဟင်းချို
湯
ပီဇာ
披薩餅
ဇွန်းခက်ရင်း
餐具
စားပွဲခင်း
桌布

ပထမဆုံး စားသည့် အစာ

前菜

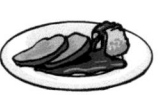

ပင်မ အစာ

主菜

အချိုပွဲ

甜點

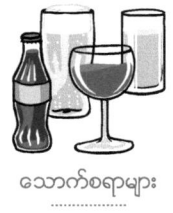

သောက်စရာများ

飲料

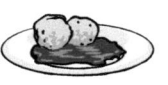

အစားအစာ

食物

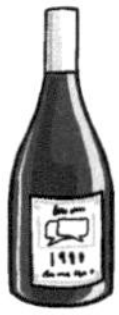

ပုလင်း

瓶子

အသင့်ပြင်ပြီးသား အစားအစာ

速食

လမ်းဘေးအစားအစာ

街邊小吃

လက်ဖက်ရည်အိုး သို့မဟုတ်
ရေနွေးကြမ်းအိုး

茶壺

သကြားအိုး

糖盒

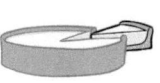

တစ်ယောက်စာ

一份飯菜

အက်စ်ပရက်ဆို ကော်ဖီစက်

義式咖啡機

ထိုင်ခုံအမြင့်

高腳椅

ငွေတောင်းခံလွှာ

帳單

ဗန်း

托盤

ဓါး

刀

ခက်ရင်း

餐叉

ဇွန်း

勺子

လက်ဖက်ရည်ဇွန်း

茶匙

လက်သုတ်ပုဝါ

餐巾

ရေသောက်ဖန်ခွက်

玻璃杯

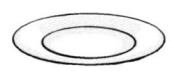

ပန်းကန်ပြား

碟子

ဟင်းချိုပန်းကန်ပြား

湯盤

ပန်းကန်ပြား

碟子

ဆော့စ်

醬

ဆားအိုး

鹽瓶

ငရုတ်ကောင်း ချေစက်

胡椒研磨罐

ရှာလကာရည်

醋

ဆီ

食用油

ဟင်းခတ်အမွှေးအကြိုင်

調味料

ခရမ်းချဉ်သီးဆော့စ်

番茄醬

မုန်ညင်းဆီဆော့စ်

芥末

မယွိုးနိစ်

美乃滋

စူပါမားကတ်

超市

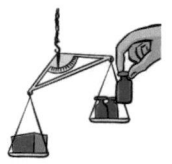

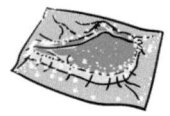

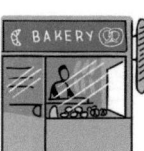

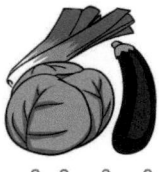

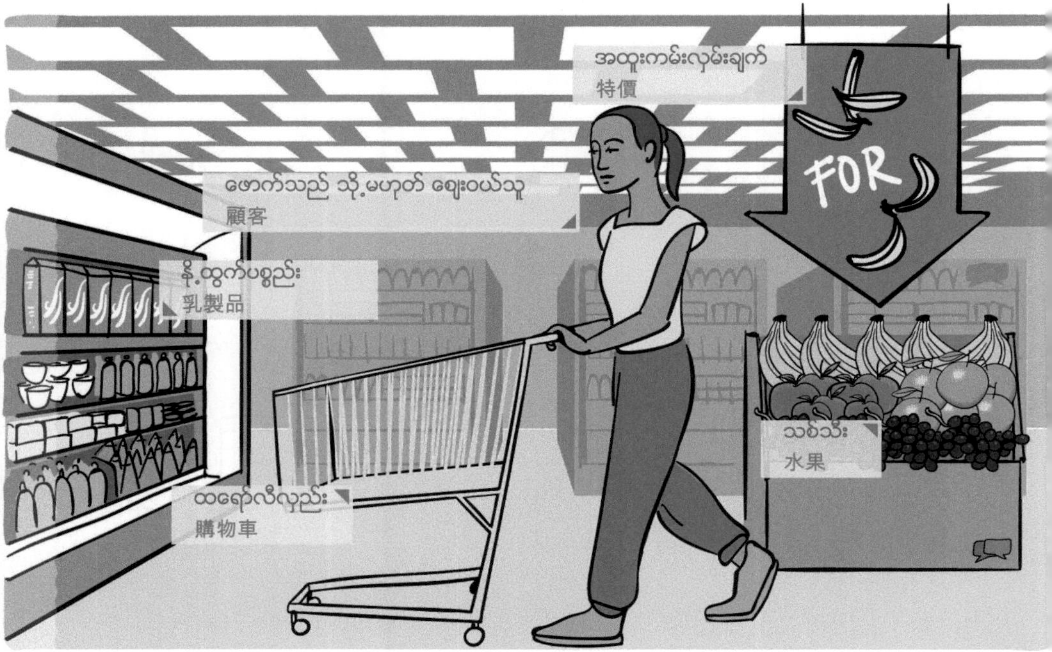
အထူးကမ်းလှမ်းချက်
特價
FOR
ဖောက်သည် သို့မဟုတ် ဈေးဝယ်သူ
顧客
နို့ထွက်ပစ္စည်း
乳製品
သစ်သီး
水果
ထရော်လီလှည်း
購物車

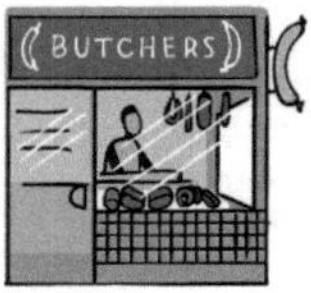
BUTCHERS

သားသတ်သမား၏

肉鋪

BAKERY

မုန့်ဖုတ်သမား၏

麵包店

အလေးချိန်သည်

稱重

ဟင်းသီးဟင်းရွက်

蔬菜

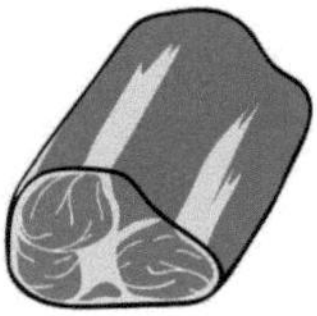

အသား

肉

အေးခဲထားသည့် အစားအစာ

冷凍食品

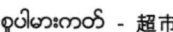

ုင်ဆင်ထားသော အသားအေး

冷盤

သံဗူးသွပ် အစားအစာ

罐頭食品

ဆပ်ပြာမှုန့်

洗衣粉

သကြားလုံးများ

甜食

အိမ်သုံး ပစ္စည်းများ

日用品

သန့်ရှင်းရေး ပစ္စည်းများ

清潔用品

ဈေးရောင်းသူ

銷售員

အထိ

收銀機

ငွေကိုင်

收銀員

ဈေးဝယ်စာရင်း

購物清單

ဖွင့်ချိန်နာရီများ

開放時間

အိတ်ဆောင် ပိုက်ဆံအိတ်

錢包

အကြွေးဝယ်ကတ်

信用卡

အိတ်

袋子

ပလတ်စတစ်အိတ်

塑膠袋

ရေ

水

သစ်သီးဖျော်ရည်

果汁

နွားနို့

牛奶

ကိုကာကိုလာ

可樂

ဝိုင်

紅酒

ဘီယာ

啤酒

အရက်

酒

ကိုကိုးမှုန့်

可可

လက်ဖက်ရည် သို့ မဟုတ်
ရေနွေးကြမ်း

茶

ကော်ဖီ

咖啡

အက်စ်ပရက်ဆို ကော်ဖီ

義式濃縮咖啡

ကပူချီနိုကော်ဖီ

卡布奇諾

ငှက်ပျောသီး
....
香蕉

ပန်းသီး
....
蘋果

လိမ္မော်သီး
....
柳丁

ဖရဲသီးမျိုးဝင်
....
西瓜

သံပုရိုသီး
....
檸檬

မုန်လာဥနီ
....
胡蘿蔔

ကြက်သွန်ဖြူ
....
大蒜

မျှစ်
....
竹子

ကြက်သွန်နီ
....
洋蔥

မှို
....
蘑菇

ပဲစေ့များ
....
堅果

ခေါက်ဆွဲ
....
麵條

စပါဂက်တီ ခေါ် အီတလီ ခေါက်ဆွဲ
義大利麵

ထမင်း
米飯

ဆလပ်ရွက်သုတ်
沙拉

အကြွပ်ကြော်များ
薯條

အာလူးကြော်
炸馬鈴薯

ပီဇာ
披薩餅

ဟမ်ဘာဂါ
漢堡

အသားညှပ်ပေါင်မုန့်
三明治

ကတ်တလိပ်
炸豬排

ဝက်ပေါင်ခြောက်
火腿

ဆလာမီ
義大利臘腸

ဝက်အူချောင်း
香腸

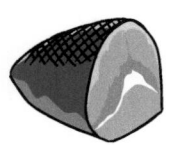

ကြက်သား
雞肉

ရှို့စ်လုပ်ခြင်း
烤肉

ငါး
魚

ကွေ့ကာအုတ်

燕麥片

မျိုးစလီ

木斯里

ပြောင်းစေ့ပြား

玉米片

ဂျုံမှုန့်

麵粉

ခရာဆွန်း ခေါ်
ပြင်သစ်ပေါင်မုန့်တစ်မျိုး

牛角麵包

ပေါင်မုန့်လိပ်

麵包捲

ပေါင်မုန့်

麵包

ပေါင်မုန့်မီးကင်

吐司

ဘီစကစ်

餅乾

ထောပတ်

奶油

ဒိန်ခဲ

凝乳

ကိတ်မုန့်

蛋糕

ဥ

蛋

ဥကြော်

煎蛋

ချိစ်

起司

ရေခဲမုန့်

冰淇淋

သကြား

糖

ပျားရည်

蜂蜜

ယို

果醬

ယိုသုတ်စားသည့် ချောကလက်

巧克力醬

ဟင်း

咖哩

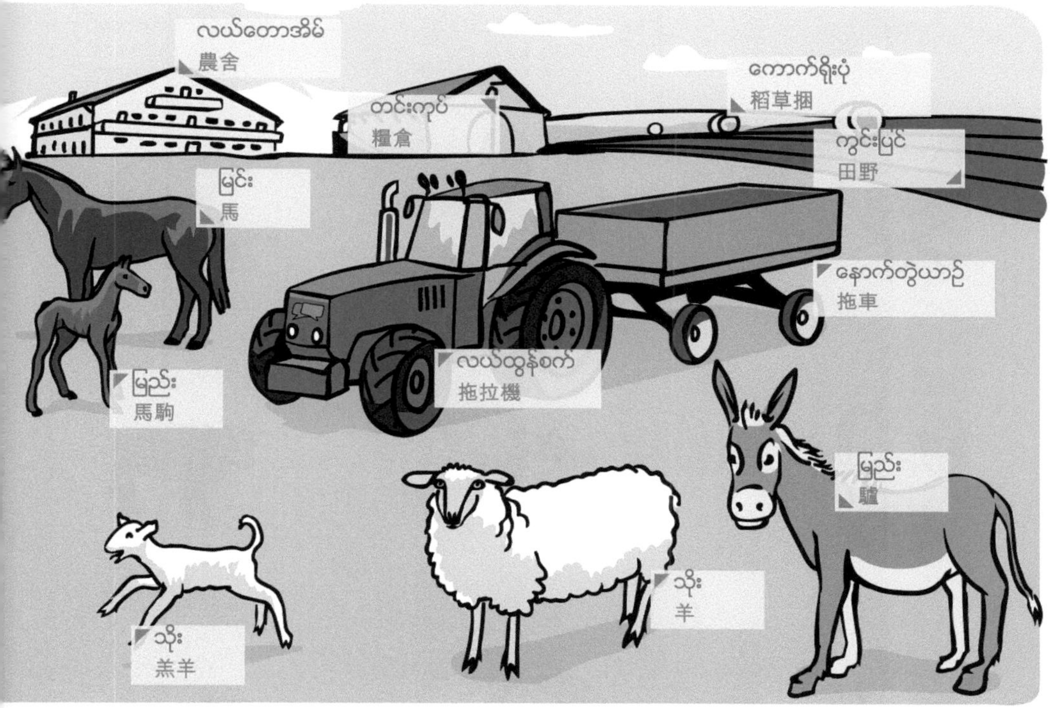

လယ်တောအိမ်
農舎

တင်းကုပ်
糧倉

ကောက်ရိုးပုံ
稻草捆

ကွင်းပြင်
田野

မြင်း
馬

နောက်တွဲယာဉ်
拖車

မြည်း
馬駒

လယ်ထွန်စက်
拖拉機

မြည်း
驢

သိုး
羊

သိုး
羔羊

ဆိတ်

山羊

နွားမ

奶牛

နွားလေး

小牛

ဝက်

豬

ဝက်ကလေး

小豬

နွားထီး

公牛

ဘဲငန်း

鵝

ဘဲ

鴨

ကြက်ပေါက်ကလေး

小雞

ကြက်မ

母雞

ကြက်ဖ

公雞

ကြက်

鼠

ကြောင်

貓

ကြွက်ကလေး

老鼠

နွားထီး

牛

ခွေး

狗

ခွေးအိမ်

狗屋

ပန်းခြံရေပိုက်

花園澆水軟管

ရေလောင်းသည့်ခွက်

澆水壺

တံစဉ်အပြားကြီး

長柄大鐮刀

ထယ်

犁

တံစဉ်
鐮刀

ပေါက်ပြား
鋤頭

ပေါက်ချွန်း
斧頭

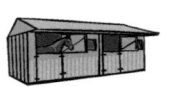

နို့ပုံး
牛奶罐

မြင်းဇောင်း
馬廄

ကောက်ဆွ
長柄草耙

ဘီးတပ် လက်တွန်းလှည်း
獨輪手推車

အိတ်
麻布袋

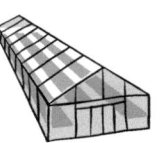

မုန်လုံအိမ်
溫室

အစေ့
種子

စားခွက်
飼料槽

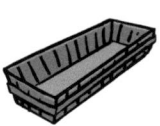

ခြံစည်းရိုး
柵欄

မြေကြီး
土壤

မြေသြဇာ
肥料

စုပေါင်း ရိတ်သိမ်းသူ
聯合收割機

ရိတ်သိမ်းသည်
收割

ရိတ်သိမ်းသည်
收割

ဝီလောဝီန်
地瓜

ဂျုံ
小麥

ပဲပုပ်
大豆

အာလူး
土豆

ပြောင်း
玉米

နံစားပြောင်းဆီ
油菜籽

အသီးပင်
果樹

ဝီလောဝီန်
樹薯

စီရီရယ် ခေါ် နံနက်စာတစ်မျိုး
穀物

မီးခိုးခေါင်းတိုင်
煙囪

ခေါင်မိုး
屋頂

ရေထွက်ပိုက်
落水管

ပြတင်းပေါက်
窗戶

ကားဂိုဒေါင်
車庫

လူခေါ် ခေါင်းလောင်း
門鈴

တံခါး
門

အမှိုက်ပုံး
垃圾桶

စာတိုက်သေတ္တာ
信箱

ပန်းခြံ
花園

ဧည့်ခန်း
客廳

ရေချိုးခန်း
浴室

မီးဖိုချောင်
廚房

အိပ်ခန်း
臥室

ကလေး အခန်း
兒童房

ထမင်းစားခန်း
餐廳

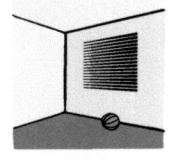

ကြမ်းပြင်

地板

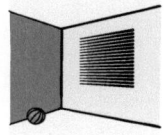

နံရံ

牆壁

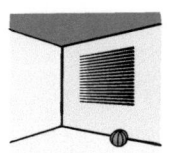

မျက်နှာကြက်

天花板

မြေအောက်ခန်း

地窖

ချွေးထုတ်ခန်း

三溫暖

ဝရန်တာ

陽臺

ဝရန်တာ

露臺

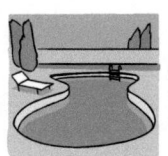

ရေကူးကန်

游泳池

မြက်ရိတ်စက်

割草機

အချပ်

被單

အိပ်ယာခင်း

床罩

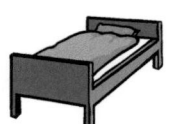

အိပ်ယာ

床

တံမြက်စည်း

掃帚

ရေပုံး

水桶

မီးခလုတ်

開關

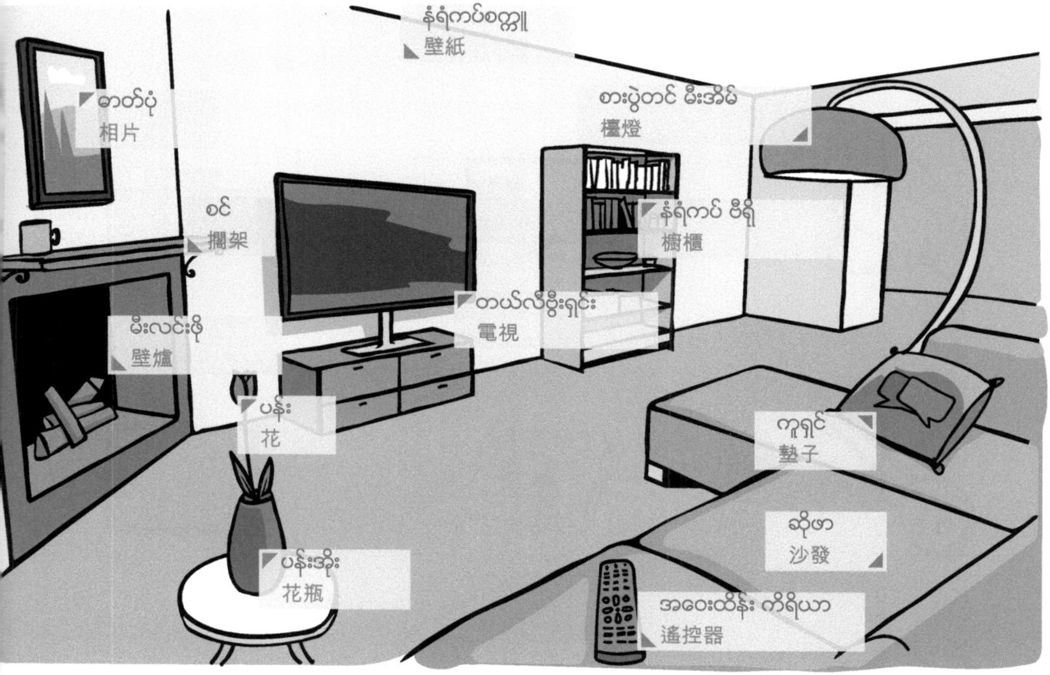

နံရံကပ်စက္ကူ
▶ 壁紙

ဓာတ်ပုံ
相片

စားပွဲတင် မီးအိမ်
檯燈

စင်
▶ 擱架

နံရံကပ် ဗီရို
橱櫃

မီးလင်းဖို
壁爐

တယ်လီဗီးရှင်း
電視

ပန်း
花

ကူရှင်
墊子

ဆိုဖာ
沙發 ▶

ပန်းအိုး
花瓶

အဝေးထိန်း ကိရိယာ
▶ 遙控器

ကော်ဖော
地毯

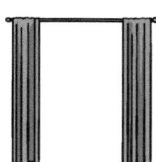

ကန့်လန့်ကာ
窗簾

စားပွဲခုံ သို့မဟုတ် ဇယား
餐桌

ထိုင်ခုံ
椅子

ရှေ့နောက် ယိမ်းနိုင်သည့် ထိုင်ခုံ
搖椅

လက်တင်ထိုင်ခုံ
扶手椅

စာအုပ်

書

စောင်

毯子

အပြင်အဆင်

裝飾品

ထင်း

木柴

ဖလင် သို့မဟုတ် ရုပ်ရှင်

電影

ဟိုင်ဖိုင် ကိရိယာ

高傳真音響

သော့

鑰匙

သတင်းစာ

報紙

ပန်းချီကား

油畫

ပိုစတာ

海報

ရေဒီယို

收音機

မှတ်စုစာရွက်အုပ်

筆記本

ဖုံစုပ်စက်

吸塵器

ရှားစောင်းပင်

仙人掌

ဖယောင်းတိုင်

蠟燭

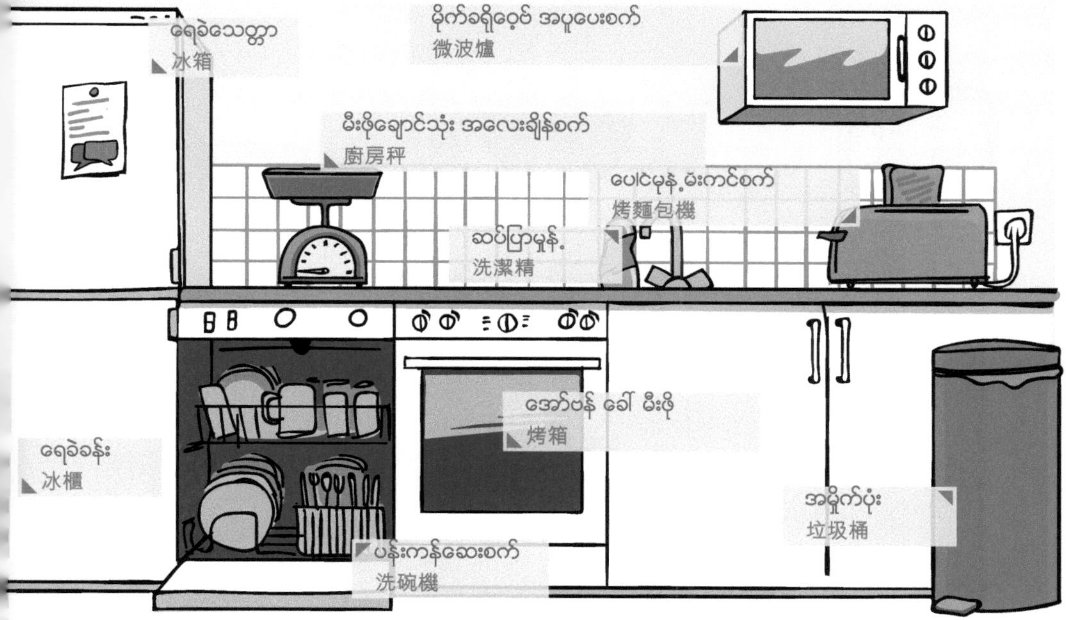

ရေခဲသေတ္တာ
冰箱

မိုက်ခရိုဝေ့ဗ် အပူပေးစက်
微波爐

မီးဖိုချောင်သုံး အလေးချိန်စက်
廚房秤

ပေါင်မုန့် မီးကင်စက်
烤麵包機

ဆပ်ပြာမှုန့်
洗潔精

ရေခဲခန်း
冰櫃

အော်ဗန် ခေါ် မီးဖို
烤箱

အမှိုက်ပုံး
垃圾桶

ပန်းကန်ဆေးစက်
洗碗機

လျှပ်စစ် ချက်ပြုတ်အိုး
炊具

အိုး
鍋

သံအိုးကြီး
鑄鐵鍋

မွှေကြော်သည့် ဒယ်အိုးကြီး /
ကာဒိုင်း
炒鍋

ဒယ်အိုး
平底鍋

ရေနွေးတည်သည့်အိုး
水壺

ပေါင်းစက်

蒸鍋

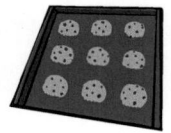

မုန့်ဖုတ်သည့် ပန်း

烤盤

ကြွေပန်းကန်ပြား ခွက်ယောက်

陶瓷鍋

မတ်ခွက်

馬克杯

ဇလုံပန်းကန်

碗

အစားအသည့်တူများ

筷子

ယောက်ချို

長柄勺

မွှေသည့်အတံ

鏟子

ခေါက်တံ

攪拌器

စစ်သည့် အရာ

濾網

စကာ

篩子

ခြစ်သည့်ကိရိယာ

磨碎機

ပြုပ်ဆုံ

研缽

ဘာဘီကျူးကင်

燒烤

ထင်းမီးဖို

明火

စင်းနီးတိုး
菜板

လည်နေသောပင်
擀麵杖

ဖော့ဆို့
開瓶器

သံဗူး
罐子

သံဗူးဖောက်တံ
開罐器

အိုးတင်သည့်အရာ
隔熱手套

ရေဆေးသည့် နေရာ
水槽

စုပ်တံ
刷子

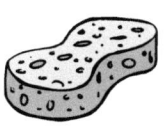
ရေမြှုပ်
海綿

မွှေသည့်စက်
攪拌機

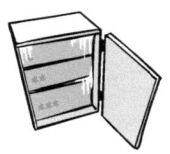
အေးခဲသည့် ရေခဲခန်း
冷藏箱

ကလေးနို့ဗူး
奶瓶

ရေပိုက်ခေါင်း
水龍頭

ရေချိုးခန်း

浴室

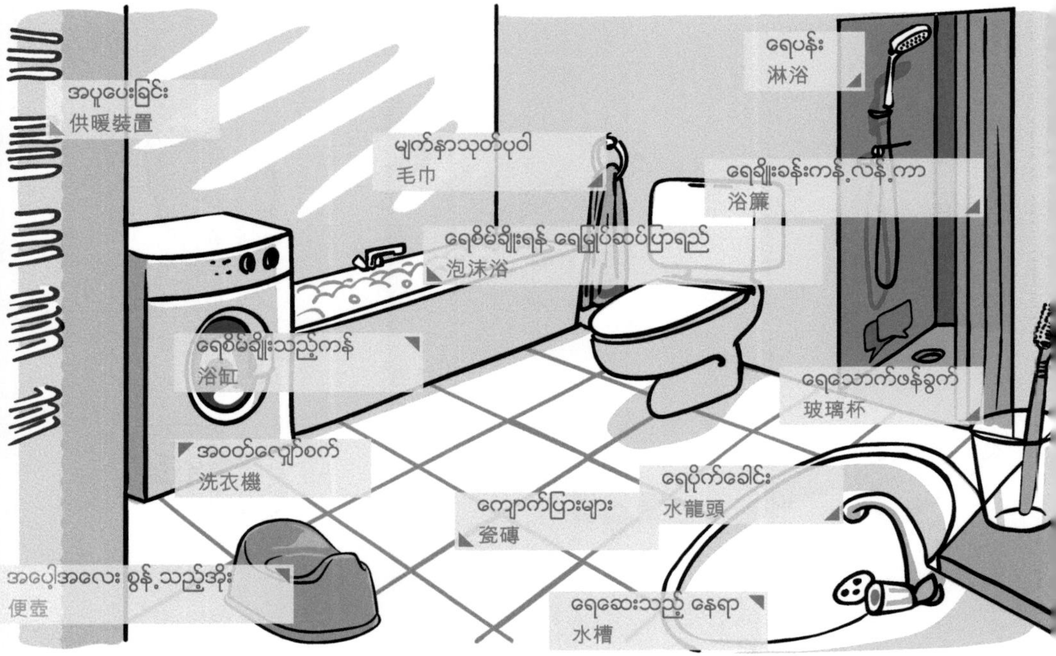

ရေပန်း
淋浴
အပူပေးခြင်း
供暖裝置
မျက်နှာသုတ်ပုဝါ
毛巾
ရေချိုးခန်းကန့်လန့်ကာ
浴簾
ရေစိမ်ချိုးရန် ရေမြှုပ်ဆပ်ပြာရည်
泡沫浴
ရေစိမ်ချိုးသည့်ကန်
浴缸
ရေသောက်ဖန်ခွက်
玻璃杯
အဝတ်လျှော်စက်
洗衣機
ရေပိုက်ခေါင်း
水龍頭
ကျောက်ပြားများ
瓷磚
အပေါ့အလေး စွန့်သည့်အိုး
便壺
ရေဆေးသည့် နေရာ
水槽

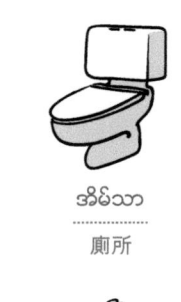

အိမ်သာ

廁所

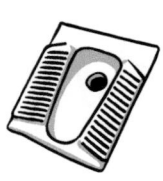

ဆောင့်ကြောင့်ထိုင်ရသည့် အိမ်သာ

蹲便器

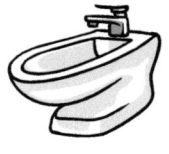

အမျိုးသမီးသုံး အောက်ပိုင်းဆေးသည့် ကမုတ်

坐浴器

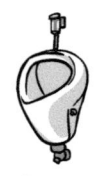

အမျိုးသား ဆီးသွားသည့်ကမုတ်

小便斗

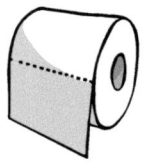

အိမ်သာသုံး စက္ကူ

廁紙

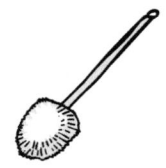

အိမ်သာတိုက် ဘရပ်ရှ်

馬桶刷

သွားတိုက်တံ

牙刷

သွားတိုက်ဆေး

牙膏

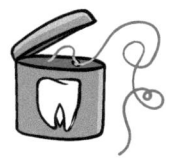

သွား ချေးထုတ်သည့် ကြိုး

牙線

ဆေးကြောသည်

洗

လက်ကိုင် ရေပန်း

手持式蓮蓬頭

ရေပန်းဖြင့်ရေချိုးခြင်း

沖洗器

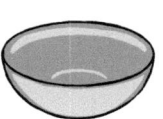

ရေအင်တုံ

洗臉盆

နောက်ကျော ချေးတွန်းသည့် ဘရပ်ရှ်

洗背刷

ဆပ်ပြာ

肥皂

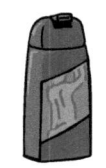

ရေချိုးဆပ်ပြာရည်

沐浴露

ခေါင်းလျှော်ရည်

洗髮乳

ဖလန်နယ်စ

法蘭絨

ရေထွက်ပေါက်

排水

ခရင်မ်

乳霜

ဒီအော်ဒရန့် ခေါ် ကိုယ်လိမ်းအမွှေးနံ့သာ

除臭劑

မှန်

鏡子

လက်ကိုင်မှန်

手鏡

မုတ်ဆိတ်ရိတ်တံ

刮鬍刀

မုတ်ဆိတ်ရိတ်ရန် အမြှုပ်

刮鬍泡沫

မုတ်ဆိတ်ရိတ်ပြီး
လိမ်းသည့်အမွှေးနံ့သာ

鬚後水

ခေါင်းဘီး

梳子

ဘရပ်ရှ်

刷子

ဆံပင်ခြောက်စက်

吹風機

ဆံပင်ဖြန်းဆေး

噴髮定型劑

မိတ်ကပ်

化妝品

နှုတ်ခမ်းဆိုးဆေး

唇膏

လက်သည်းဆိုးဆေး

指甲油

ဂွမ်းလုံး

化妝棉

လက်သည်းညှပ် ကပ်ကြေး

指甲剪

ရေမွှေး

香水

ရေချိုးခန်းသုံး အိတ်

洗漱包

ခွေးခြေ

凳子

ကိုယ်အလေးချိန်တိုင်းသည့်စက်

計重秤

ရေချိုးပြီး ဝတ်သည့်ဝတ်ရုံ

浴袍

ရာဘာ လက်အိတ်များ

橡膠手套

တန်ပွန် ခေါ် ဓမ္မတာလာစဉ် မိန်း
မကိုယ်တွင်းထည့်သည့်အရာ

衛生棉條

အမျိုးသမီး လစဉ်သုံးပုဝါစ

衛生棉

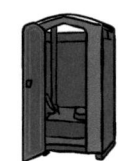

ဓာတုပစ္စည်းထည့်သုံးသည့်
အိမ်သာ

化學廁所

ကလေး အခန်း

兒童房

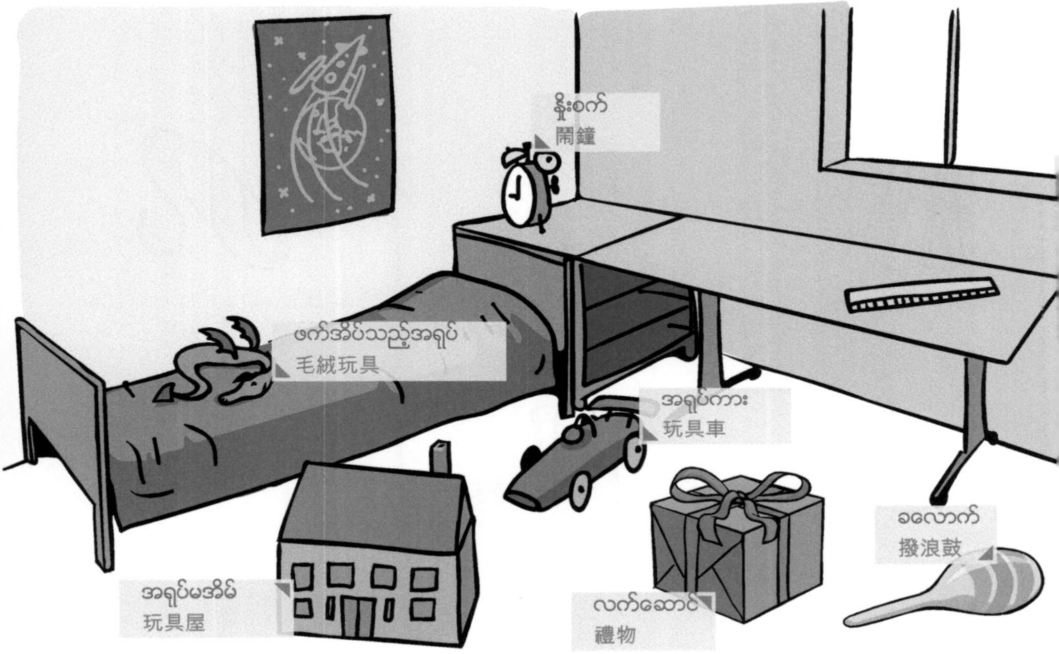
နိုးစက်
鬧鐘
ဖက်အိပ်သည့်အရုပ်
毛絨玩具
အရုပ်ကား
玩具車
ခလောက်
撥浪鼓
အရုပ်မအိမ်
玩具屋
လက်ဆောင်
禮物

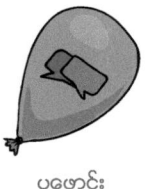

ပူဖောင်း

氣球

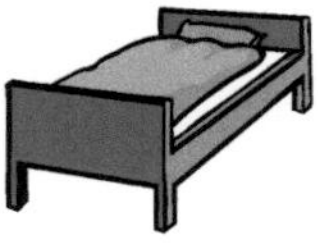

အိပ်ယာ

床

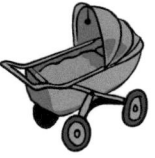

ကလေးတွန်းလှည်း

嬰兒車

ကစားသည့်ကတ်ထုပ်

撲克牌

ဂျစ်ဆော ခေါ် ဆက်၍ကစားသည့် အပိုင်းအစများ

拼圖

SUPER
MEGA

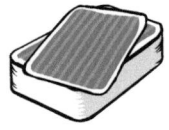

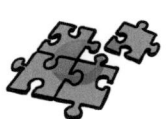

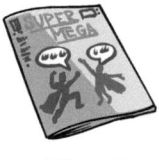

ရုပ်ပြစာအုပ်

漫畫

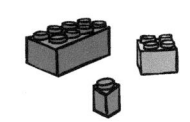

ဆောက်၍ကစားသည့် လေဂို
အတုံးများ

樂高積木

ဆောက်၍ကစားသည့်
အတုံးများ

積木玩具

လှုပ်ရှားလုပ်ကိုင်သူ

公仔

ဘေဘီဂီရိုး

嬰兒服

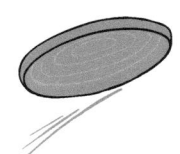

ဖရစ်ဘီး ခေါ် ပစ်၍ ကစားသည့်
အပြား

飛盤

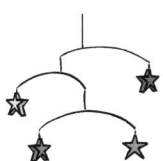

ရွှေ့လျားနိုင်သော

床鈴玩具

ဘုတ်ပြားပေါ်တွင် ကစားနည်း

棋盤遊戲

အံစာတုံး

骰子

ကစားစရာ ရထား အစုံမော်ဒယ်

火車模型

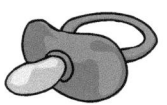

အရုပ်

安撫奶嘴

ပါတီ

派對

ရုပ်ပြစာအုပ်

繪本

ဘောလုံး

球

အရုပ်မ

洋娃娃

ကစားသည်

玩

ကစားသည့် သဲပုံး

沙坑

ဒန်း

鞦韆

အရုပ်များ

玩具

ဗွီဒီယိုဂိမ်းကစားသည့် စက်

電玩遊戲

သုံးဘီး စက်ဘီး

三輪車

တက်ဒီ ဝက်ဝံရုပ်

泰迪熊

အဝတ်ဗီရို

衣櫃

ခြေအိတ်များ

襪子

အမျိုးသမီးဝတ် ခြေအိတ်ရှည်

長襪

အမျိုးသမီး ခြေအိတ်အကြပ်

緊身褲

ပုဝါ
圍巾

ထီး
雨傘

တီရှပ်
T恤

ခါးပတ်
皮帶

ဘွတ်ဖိနပ်များ
靴子

ခြေညှပ်ဖိနပ်များ
拖鞋

အားကစားဖိနပ်များ
運動鞋

ခြေစွပ် နောက်ပိတ်ဖိနပ်
涼鞋

ရှူးဖိနပ်များ
鞋

ရာဘာ ဘွတ်ဖိနပ်များ
雨靴

အောက်ခံ အဝတ်များ
內褲

ဘရာဇီယာ
胸罩

အပေါ် ထပ် လက်ပြတ်အကႆ
背心

ကိုယ်ခန္ဓာ

身體

ဘောင်းဘီရှည်

褲子

ဂျင်းဘောင်းဘီ

牛仔褲

စကပ်

短裙

ဘလောက်စ်အကျႌ

女式襯衫

ရှပ်အကျႌ

襯衫

ခေါင်းစွပ်အကျႌ

套頭衫

ခေါင်းစွပ်ပါ အကျႌ

連帽上衣

ဘလေဇာကုတ်အကျႌ

西裝夾克

ဂျက်ကတ်အကျႌ

夾克

ကုတ်အကျႌ

外套

မိုးကာ ကုတ်အကျႌ

雨衣

ဝတ်စုံ

套裝

ဂါဝန်

連衣裙

လက်ထပ် ဝတ်စုံ

婚紗

အဝတ်အစား - 衣服

အနောက်တိုင်းဝတ်စုံပြည့်
西裝

ညအိပ်အင်္ကျီ
睡袍

ညအိပ်ဝတ်စုံ
睡衣

ဆာရီ
莎麗

ခေါင်းအုပ်ပုဝါ
頭巾

တာဘန် ခေါ် ခေါင်းပေါင်း
包頭巾

ဘာကာခေါ်
အမျိုးသမီးခေါင်းအုပ်
波卡

ကာ့ဖ်တန် ခေါ်
အမျိုးသားဝတ်ဘောင်းဘီ
卡夫坦

အဘာယာ ခေါ် မွတ်ဆလင်
အမျိုးသမီးဝတ်အင်္ကျီ
(阿拉伯式)長袍

ရေကူးဝတ်စုံ
泳衣

အဝတ်သေတ္တာ
男式泳褲

ဘောင်းဘီတို
短褲

အားကစားဝတ်စုံ
運動服

ခါးစည်း အဝတ်
圍裙

လက်အိတ်များ
手套

ကြယ်သီး

鈕扣

မျက်မှန်

眼鏡

လက်ကောက်

手鏈

လည်ဆွဲ

項鍊

လက်စွပ်

戒指

နားကပ်

耳環

ခေါင်းဆောင်း ဦးထုပ်

便帽

ကုတ်အက်ျီ ချိတ်

衣架

ဦးထုပ်

帽子

နက်တိုင်

領帶

ဇစ်

拉鍊

ဟဲလမက်ခေါ် ခေါင်းဆောင်း

安全帽

သွားထိန်းများ

背帶

ကျောင်းဝတ်စုံ

校服

ယူနီဖောင်းဝတ်စုံ

制服

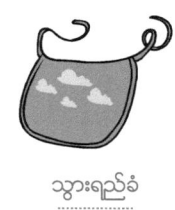

သွားရည်ခံ

圍兜

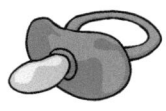

အရုပ်

安撫奶嘴

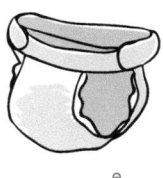

ကလေးအနှီး

尿布

ရုံးခန်း
辦公室

ဆာဗာ
伺服器
ဖိုင်ထည့်သည့် ဗီရို
檔案櫃
ပရင်တာ
印表機
စာရွက်
紙
မော်နီတာ
螢幕
စာရေးစားပွဲခုံ
辦公桌
မောက်စ်
滑鼠
စာရွက်ထည့်သည့် ခေါက်ဖိုင်
資料夾
ကီးဘုတ်
鍵盤
အမှိုက်စက္ကူပုံး
廢紙簍
ကွန်ပြူတာ
電腦
ထိုင်ခုံ
椅子

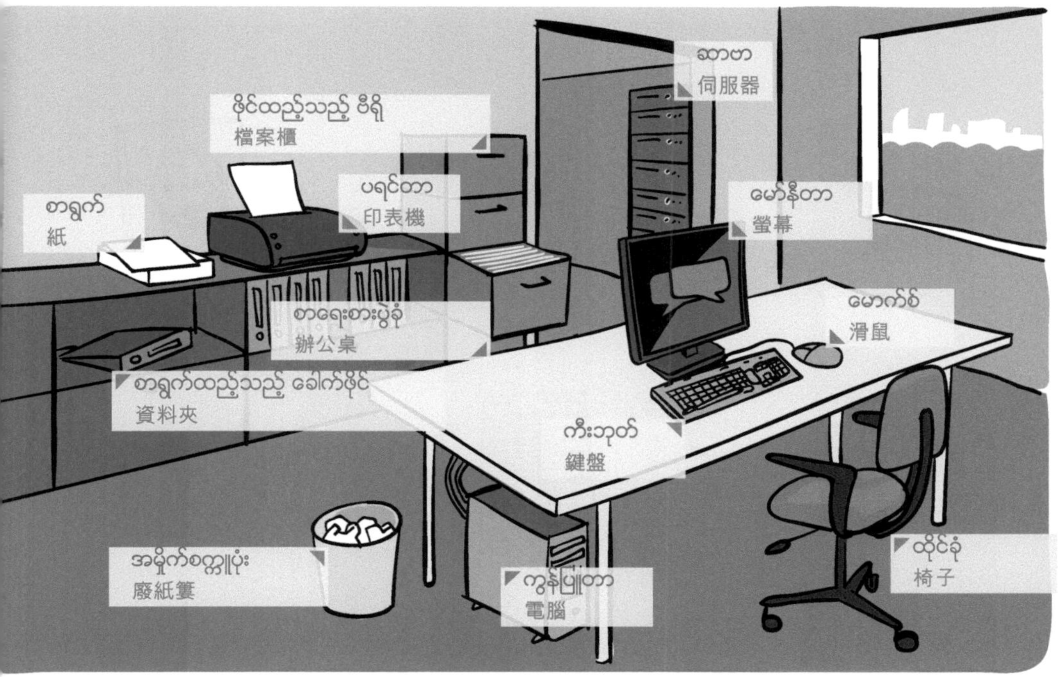

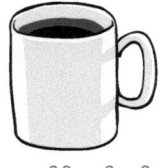

ကော်ဖီ မတ်ခွက်

咖啡杯

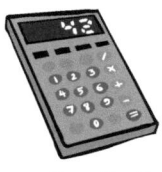

ဂဏန်းတွက်စက်

計算機

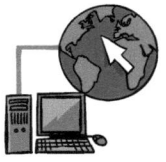

အင်တာနက်

網際網路

ပေါင်ပေါ် တင်ရိုက်နိုင်သည့်
ကွန်ပျူတာ

筆記型電腦

စာ

信件

မက်ဆေ့ချ်

簡訊

မိုဘိုင်းဖုန်း

行動電話

ကွန်ရက်

網路

မိတ္တူကူးစက်

影印機

ဆော့ဖ်ဝဲရ်

軟體

တယ်လီဖုန်း

電話

ပလပ်ပေါက်

插座

ဖက်စ်ပို့သည့် စက်

傳真機

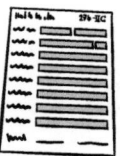

ပုံစံ

表格

စာရွက်စာတမ်း

檔案

ဝယ်ယူသည်

買

ပေးအပ်သည်

付錢

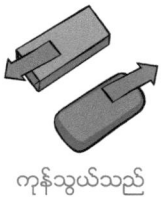

ကုန်သွယ်သည်

交易

ပိုက်ဆံ

現金

ဒေါ်လာ

美元

ယူရိုငွေ

歐元

ယန်းငွေ

日元

ရူဘယ်ငွေ

盧布

ဆွစ်ဇာလန်နိုင်ငံသုံးငွေ

瑞士法郎

ရမ်မင်ဘီ ယွမ်

人民幣

ရူပီး

盧比

ငွေချေသည့်နေရာ

提款處

ငွေလဲဌာန

外幣兌換處

ရွှေ

金

ငွေ

銀

ဆီ

石油

စွမ်းအင်

能源

ဈေးနှုန်း

價格

စာချုပ်

合約

အခွန်

稅金

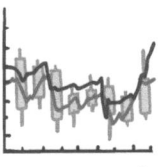

စတော့ဈေးကွက်

股票

အလုပ်လုပ်သည်

工作

ဝန်ထမ်း

職員

အလုပ်ရှင်

老闆

စက်ရုံ

工廠

ဆိုင်

商店

ရဲအရာရှိ
警官

မီးသတ်သမား
消防員

ပိုင်းလော့
飛行員

ဆရာဝန်
醫師

စားဖိုမှူး
廚師

မာလီ

園丁

လက်သမား

木匠

စက်ချုပ်သူ

裁縫

တရားသူကြီး

法官

ဓာတုဗေဒပညာရှင်

化學家

သရုပ်ဆောင်

演員

ဘတ်စ်ကားမောင်းသမား

公車司機

တက်စီမောင်းသူ

計程車司機

ငါးဖမ်းသမား

漁夫

သန့်ရှင်းရေး အလုပ်သမ

清洗女工

အမိုးပြင်သူ

屋頂工

စားပွဲထိုး

服務生

အမဲလိုက်မုဆိုး

獵人

ဆေးသုတ်သမား သို့မဟုတ်
ပန်းချီဆရာ

畫家

မုန့်ဖုတ်သမား

麵包師

လျှပ်စစ်ပညာရှင်

電工

ဆောက်လုပ်ရေးသမား

建築工人

အင်ဂျင်နီယာ

工程師

သားသတ်သမား

屠夫

ပိုက်ဆက်ဆရာ

水管工

စာပို့သမား

郵差

54   အလုပ်အကိုင်များ - 職業

စစ်သား

士兵

ဗိသုကာပညာရှင်

建築師

ငွေကိုင်

收銀員

ပန်းပညာရှင်

花農

ဆံပင်အလှပြင်သူ

理髮師

လက်မှတ်စစ်

售票員

စက်ပြင်ဆရာ

機械技師

ကပ္ပတိန်

船長

သွားဘက်ဆိုင်ရာ ဆရာဝန်

牙醫

သိပ္ပံပညာရှင်

科學家

ရာဘိုင်

拉比

မွတ်ဆလင် တရားဟောဆရာ

伊瑪目

ဘုန်းကြီး

和尚

တရားဟောဆရာ

牧師

ကိရိယာ တန်ဆာပလာများ

工具

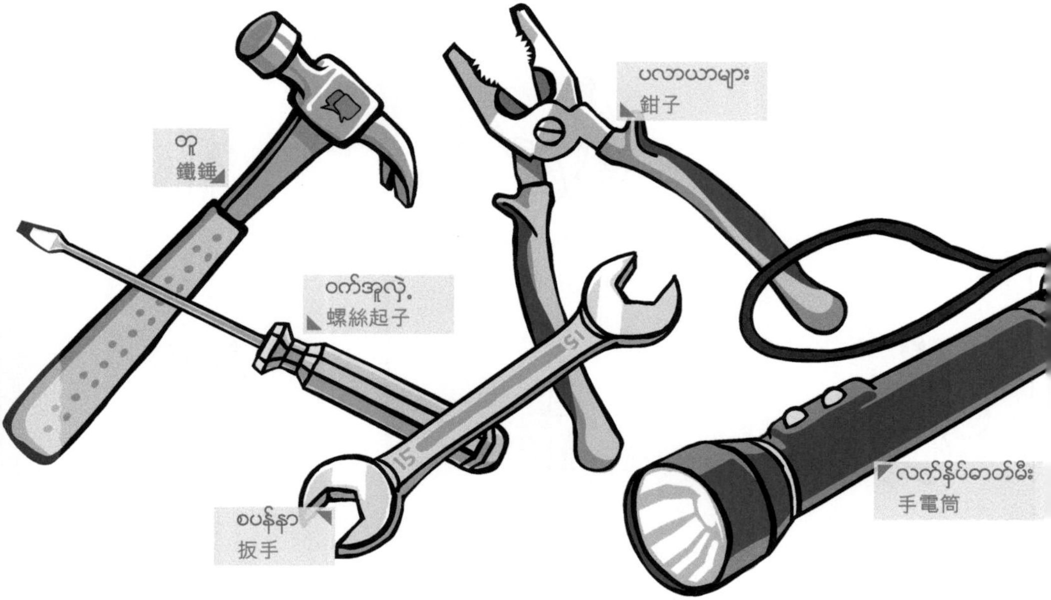

တူ
鐵錘
ဝက်အူလှဲ့
螺絲起子
ပလာယာများ
鉗子
စပန်နာ
扳手
လက်နှိပ်ဓာတ်မီး
手電筒

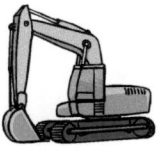

မြေတူးစက်

挖掘機

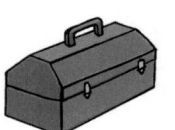

လက်သမားသုံးကိရိယာ သေတ္တာ

工具箱

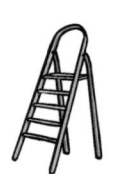

လှေကား

梯子

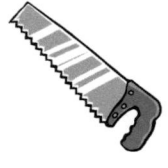

လွှ

鋸子

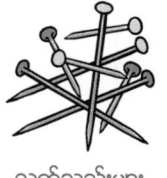

လက်သည်းများ

釘子

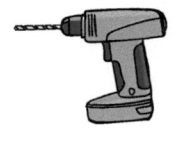

အပေါက်ဖောက်စက်

鑽機

ပြင်ဆင်သည်
修

ရေါ်ပြား
鏟子

ချိုးတဲ့မှပဲ
糟糕！

ဖုန်ကျိုးသည့် ရေါ်ပြား
畚箕

ဆေးရောင်အိုး
油漆桶

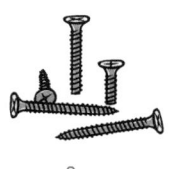

ဝက်အူများ
螺絲

ဂီတတူရိယာများ
樂器

အသံချဲ့ စက်
揚聲器

ဒရမ် အစုံ
打擊樂器

ဂီတာ
吉他

နှစ်ထပ် ဘေ့စ်ဂီတာ
低音提琴

တံပိုး တူရိယာ
小號

စန္ဒယား

鋼琴

တယော

小提琴

ဘော့စ်ဂီတာ

貝斯

နားစည်အမြှေးပါး

定音鼓

ဒရမ်များ

鼓

ကီးဘုတ် တူရိယာ

電子琴

ဆက်ဆိုဖုန်း ခေါ်
လေမှုတ်တူရိယာ

薩克斯風

ပုလွေ

長笛

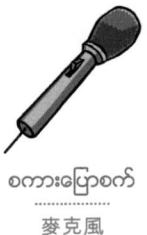

စကားပြောစက်

麥克風

ကျား
老虎

ဝင်ပေါက်
入口

လှောင်အိမ်
籠子

မြင်းကျား
斑馬

တိရိစ္ဆာန် အစားအစာ
動物飼料

ပင်ဒါ ဝက်ဝံ
熊貓

တိရိစ္ဆာန်များ

動物

ဆင်

大象

သားပိုက်ကောင်

袋鼠

ကြံ့

犀牛

ဂေါ်ရီလာမျောက်

大猩猩

ဝက်ဝံ

熊

ကုလားအုတ်
....
駱駝

ငှက်ကုလားအုတ်
....
鴕鳥

ခြင်္သေ့
....
獅子

မျောက်
....
猴子

ဖလန်မင်းဂိုးငှက်
....
紅鶴

ကြက်တူရွေး
....
鸚鵡

ပိုလာဝက်ဝံ
....
北極熊

ပင်ဂွင်းငှက်
....
企鵝

ငါးမန်း
....
鯊魚

ဥဒေါင်းငှက်
....
孔雀

မြွေ
....
蛇

မိကျောင်း
....
鱷魚

တိရိစ္ဆာန်ရုံ ထိန်းသိမ်းသူ
....
動物園管理員

ဖုံ
....
海豹

ကျားသစ်
....
美洲豹

ပိုနီမြင်း

矮種馬

ကျားသစ်

豹

ရေမြင်း

河馬

သစ်ကုလားအုတ်

長頸鹿

သိန်းငှက်

老鷹

တောဝက်

野豬

ငါး

魚

လိပ်

龜

ပင်လယ်ဖျံကြီး

海象

မြေခွေး

狐狸

ဦးချိုပါ သမင်ညိုတစ်မျိုး

羚羊

အမေရိကန် ဖွတ်ဘော
橄欖球

စက်ဘီးစီးခြင်း
騎腳踏車

တင်းနစ်ရိုက်ခြင်း
網球

ဘတ်စကက်ဘော
籃球

ရေကူးခြင်း
游泳

ရေခဲပြင် ဟော်ကီ
冰球

လက်ဝှေ့
拳擊

ဘောလုံးကန်ခြင်း
美式足球

ကြက်တောင်ရိုက်ခြင်း
羽毛球

ကိုယ်လက်လှုပ်ရှား
အားကစားများ
田徑

ဟန်းဒ်ဘော ခေါ် လက်ပစ်ဘော
手球

နင်းလျှောစီးခြင်း
滑雪

ပိုလို
馬球

လှုပ်ရှားမှုများ
活動

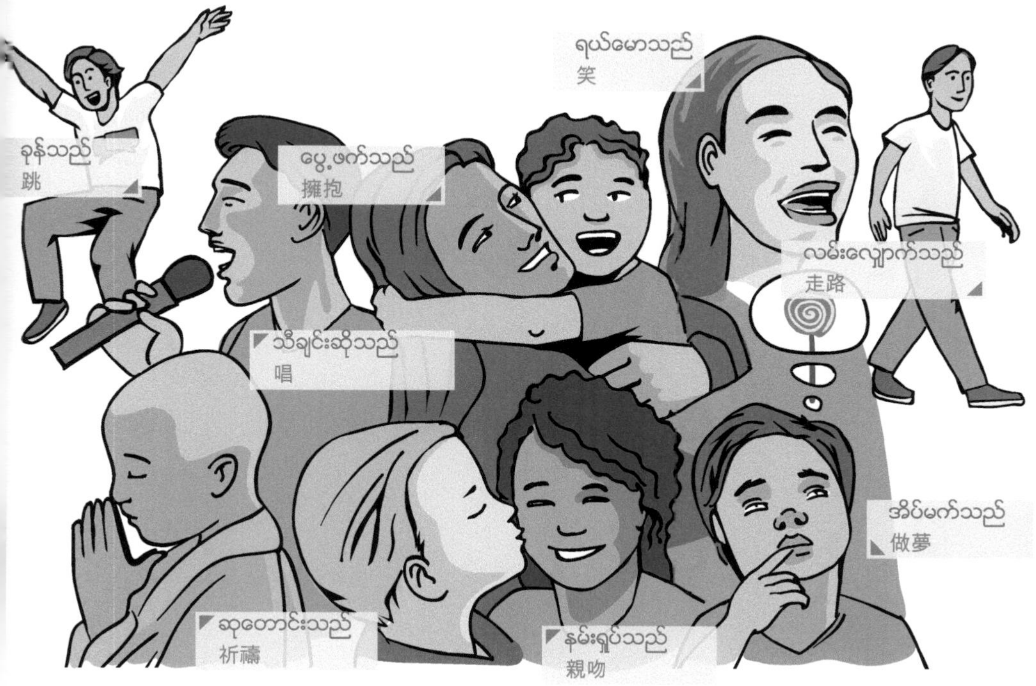
ရယ်မောသည်
笑
ခုန်သည်
跳
ပွေ့ဖက်သည်
擁抱
လမ်းလျှောက်သည်
走路
သီချင်းဆိုသည်
唱
အိပ်မက်သည်
做夢
ဆုတောင်းသည်
祈禱
နမ်းရှုပ်သည်
親吻

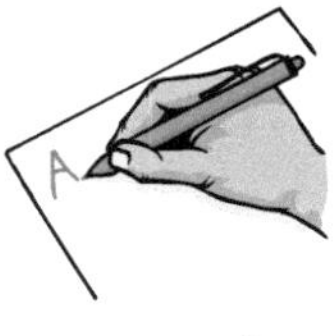
စာရေးသည်
書寫

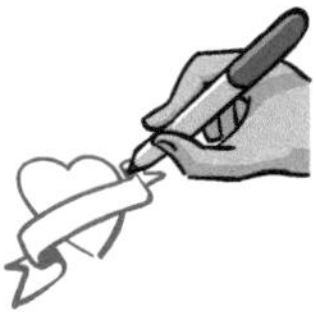
ရေးဆွဲသည်
畫

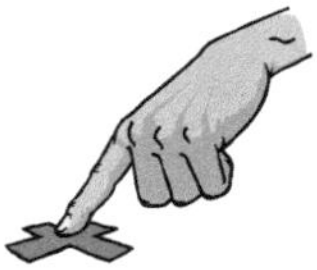
ပြသသည်
展示

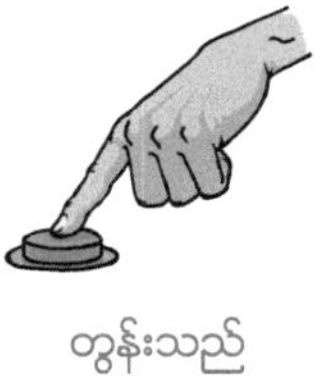
တွန်းသည်
推

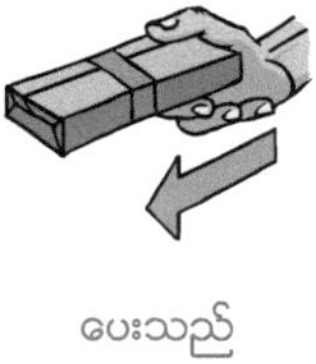
ပေးသည်
給

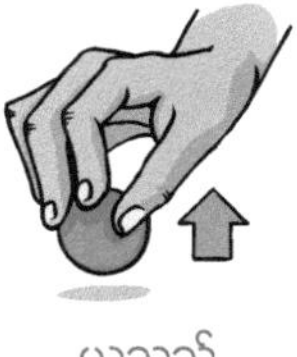
ယူသည်
拿

ရှိသည်

有

ပြုလုပ်သည်

做

ဖြစ်သည်

當

မတ်တပ်ရပ်သည်

站

ပြေးသည်

跑

ဆွဲသည်

拉

ပစ်သည်

丟

လဲကျသည်

摔倒

လိမ်လည်သည်

躺

စောင့်ဆိုင်းသည်

等待

သယ်ဆောင်သည်

攜帶

ထိုင်သည်

坐

အဝတ်အစားဝတ်သည်

穿衣

အိပ်သည်

睡覺

အိပ်ယာမှ ထသည်

醒來

တစ်ခုခုကို ကြည့်ရှုသည်

看

ငိုသည်

哭

ပွတ်သပ်သည်

擊

ဘီးဖီးသည်

梳頭

စကားပြောသည်

交談

နားလည်သည်

明白

မေးသည်

問

နားထောင်သည်

聽

သောက်သည်

喝

စားသည်

吃

သပ်ရပ်အောင်လုပ်သည်

清理

ချစ်သည်

愛

ချက်ပြုတ်သည်

做飯

မောင်းသည်

開車

ပျံသန်းသည်

飛

ရွက်လွှင့်သည်

航行

တွက်ပါ

計算

ဖတ်သည်

讀

သင်ယူသည်

學習

အလုပ်လုပ်သည်

工作

လက်ထပ်သည်

結婚

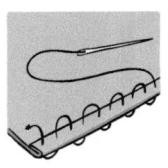

အပ်ချုပ်သည်

縫

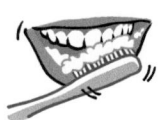

သွားတိုက်သည်

刷牙

သတ်သည်

殺

ဆေးလိပ်သောက်သည်

抽菸

ပို့သည်

寄

အဖွား
祖母

အဖိုး
祖父

ဖခင
父親

မိခင
母親

ကလေး
嬰兒

သမီး
女兒

သား
兒子

ဧည့်သည်

客人

အဒေါ်

阿姨

ဦးလေး

叔叔

အစ်ကို

兄弟

အစ်မ

姐妹

ကိုယ်ခန္ဓာ
身體

နဖူး
前額
မျက်လုံး
眼睛
ပုခုံး
肩膀
လက်ချောင်း
手指
မျက်နှာ
臉
မေးစေ့
下巴
လက်
手
ခြေသလုံး
腿
ရင်သား
乳房
လက်မောင်း
手臂

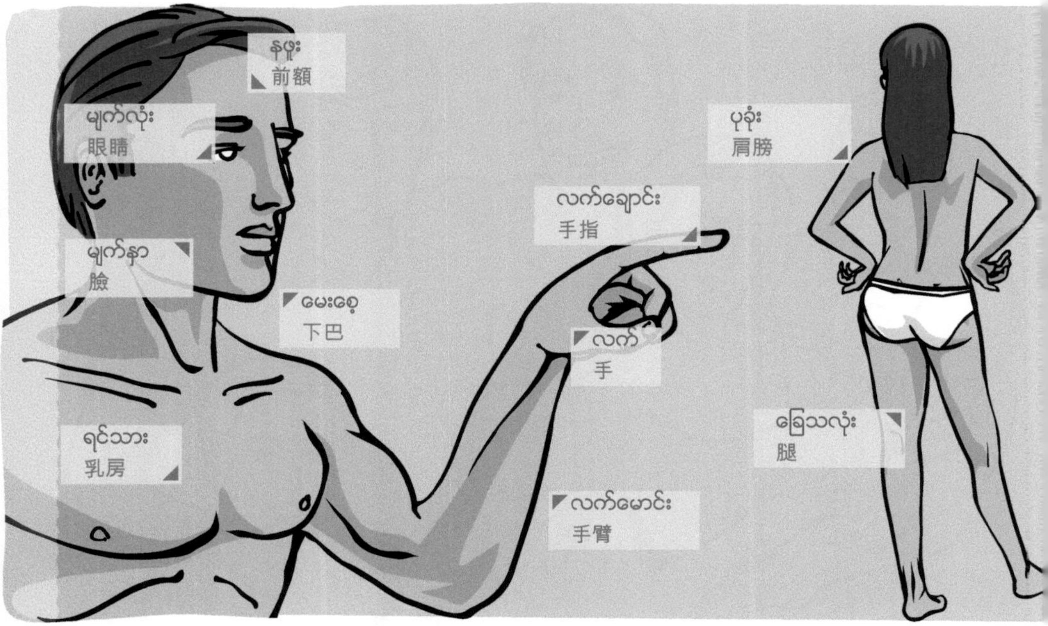

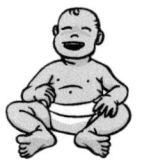

ကလေး

嬰兒

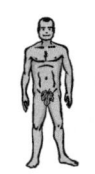

ယောက်ျားကြီး

男人

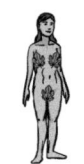

အမျိုးသမီးကြီး

女人

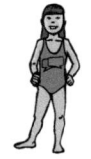

မိန်းကလေး

女孩

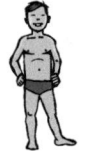

ယောက်ျားလေး

男孩

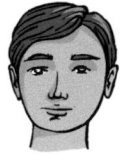

ဦးခေါင်း

頭

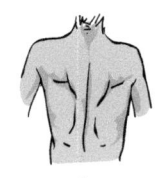

နောက်ကျော

背部

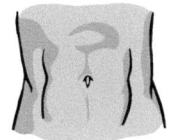

ဗိုက်

肚子

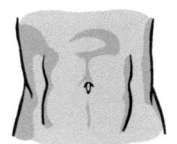

ချက်

肚臍

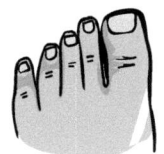

ခြေချောင်း

腳趾

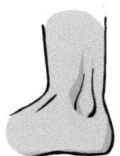

ဖနောင့်

腳後跟

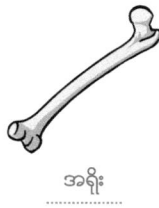

အရိုး

骨頭

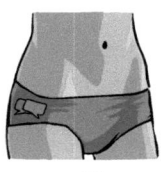

တင်ရိုး

臀部

ဒူးခေါင်း

膝蓋

တံတောင်ဆစ်

手肘

နာခေါင်း

鼻子

တင်ပါး

屁股

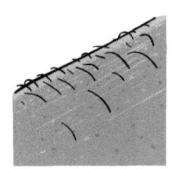

အရေပြား

皮膚

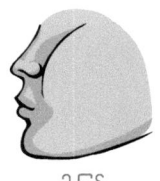

ပါးပြင်

臉頰

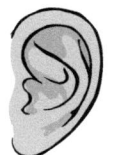

နား

耳朵

နှုတ်ခမ်း

嘴唇

ပါးစပ်

嘴

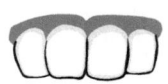

သွား

牙齒

လျှာ

舌頭

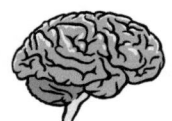

ဦးနှောက်

腦

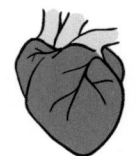

နှလုံး

心臟

ကြွက်သား

肌肉

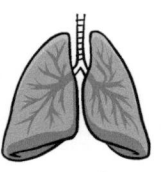

အဆုတ်

肺

အသည်း

肝臟

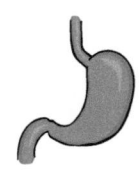

အစာအိမ်

胃

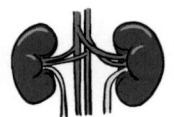

ကျောက်ကပ်များ

腎臟

လိင်

性交

ကွန်ဒုံး

保險套

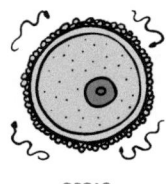

သားဥ

卵子

သုတ်ရည်

精子

ကိုယ်ဝန်

懷孕

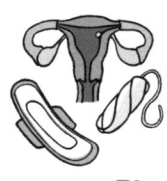

ဓမ္မတာလာခြင်း

月事

မိန်းမကိုယ်

陰道

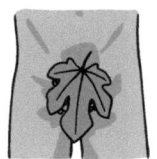

လိင်တံ

陰莖

မျက်ခုံး

眉毛

ဆံပင်

頭髮

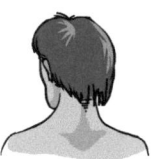

လည်ပင်း

脖子

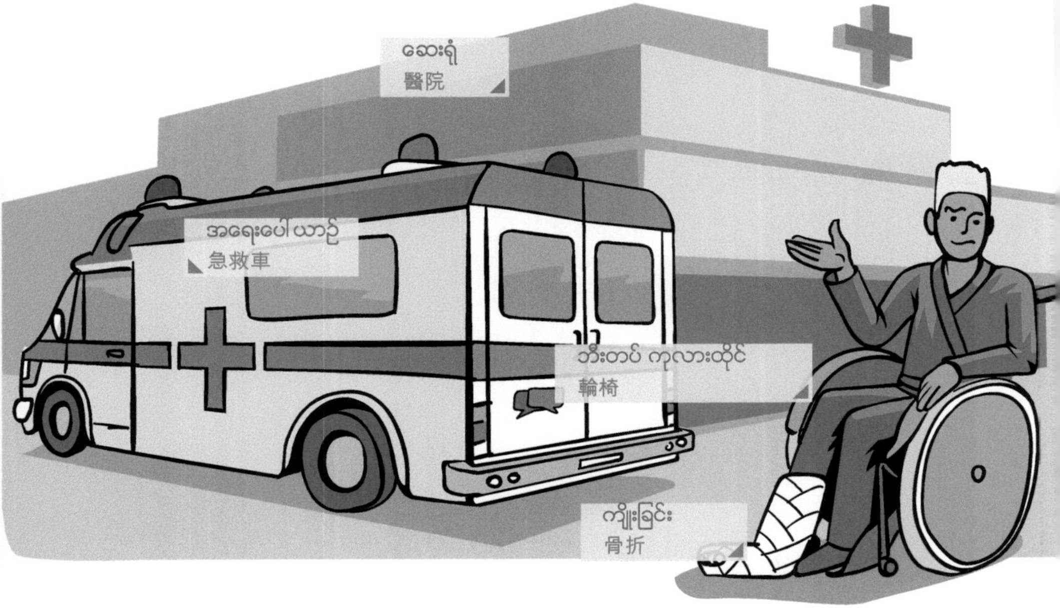

ဆေးရုံ

醫院

အရေးပေါ် ယာဉ်

急救車

ဘီးတပ် ကုလားထိုင်

輪椅

ကျိုးခြင်း

骨折

ဆရာဝန်

醫師

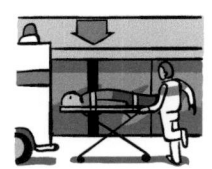

အရေးပေါ် ဆေးကုသခန်း

急診室

သူနာပြု

護理師

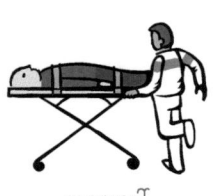

အရေးပေါ်

緊急情形

သတိလစ်ခြင်း

昏迷

နာခြင်း

痛

ဒဏ်ရာ
受傷

သွေးယိုထွက်ခြင်း
出血

နှလုံးရပ်ခြင်း
心臟病發作

လေဖြတ်ခြင်း
中風

ဓာတ်မတည့်ခြင်း
過敏

ချောင်းဆိုးခြင်း
咳嗽

အဖျား
發燒

တုပ်ကွေးရောဂါ
流感

ဝမ်းပျက်ဝမ်းလျှောခြင်း
腹瀉

ခေါင်းကိုက်ခြင်း
頭痛

ကင်ဆာရောဂါ
癌症

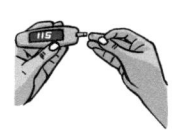
ဆီးချိုရောဂါ
糖尿病

ခွဲစိတ်ဆရာဝန်
外科醫師

ခွဲစိတ်ခန်းသုံးဓါးပါး
手術刀

ခွဲစိတ်ခြင်း
手術

စီတီ

電腦斷層掃描

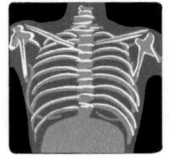

ဓာတ်မှန်

X光

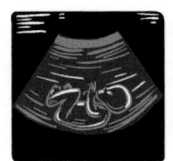

အာထရာဆောင်း

超音波

မျက်နှာဖုံး

口罩

ရောဂါ

疾病

စောင့်ဆိုင်းရန် အခန်း

候診室

ချိုင်းထောက်

拐杖

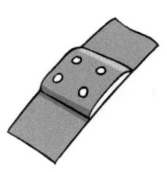

ပလာစတာ

石膏

ပတ်တီး

繃帶

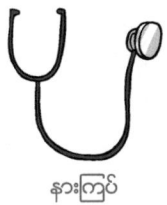

ထိုးဆေး

注射

နားကြပ်

聽診器

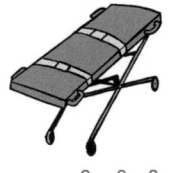

လူနာတင်ထမ်းစင်

擔架

ကုသရေးပိုင်းသုံး
အပူချိန်တိုင်းသာမိုမီတာ

體溫計

မွေးဖွားခြင်း

出生

အဝလွန်ခြင်း

超重

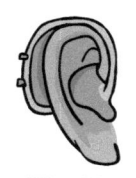

နားကြားကိရိယာ

助聽器

ပိုးသတ်ဆေး

消毒液

ရောဂါကူးစက်ခြင်း

感染

ဗိုင်းရပ်စ်ပိုး

病毒

အိတ်ချ်အိုင်ဗွီ /
အေအိုင်ဒီအက်စ်

愛滋病

ဆေးဝါး

藥物

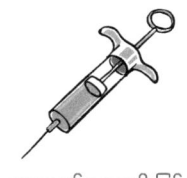

ကာကွယ်ဆေးထိုးခြင်း

接種疫苗

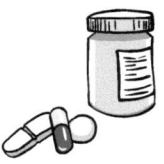

ဆေးလုံးများ

藥片

ဆေးလုံး

藥丸

အရေးပေါ် ဖုန်းခေါ် ဆိုမှု

急救電話

သွေးဖိအား စောင့်ကြည့်သည့်
ကိရိယာ

血壓計

နာမကျန်းသော / ကျန်းမာသော

生病/健康

ကူညီကြပါ။

救命！

အရေးပေါ် ခေါင်းလောင်း

警報

ရိုက်နက်သည်

突擊

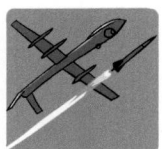

တိုက်ခိုက်သည်

攻擊

အန္တရာယ်

危險

အရေးပေါ် ထွက်ပေါက်

緊急出口

မီး။

失火了！

မီးသတ်ဗူး

滅火器

မတော်တဆဖြစ်ရပ်

意外

ကြက်ခြေနီ ဆေးပုံး

急救箱

အက်စ်အိုအက်စ်

呼救訊號

ရဲ

員警

ဉရောပတိုက်

歐洲

မြောက်အမေရိကတိုက်

北美洲

တောင်အမေရိကတိုက်

南美洲

အာဖရိကတိုက်

非洲

အာရှတိုက်

亞洲

ဩစတြေးလျတိုက်

澳洲

အတ္တလန္တိတ် သမုဒ္ဒရာ

大西洋

ပစိဖိတ် သမုဒ္ဒရာ

太平洋

အိန္ဒိယ သမုဒ္ဒရာ

印度洋

အန္တာတိတ် သမုဒ္ဒရာ

南冰洋

အာတိတ် သမုဒ္ဒရာ

北冰洋

မြောက်ဝင်ရိုးစွန်း

北極

တောင်ဝင်ရိုးစွန်း

南極

အန္တာတိကတိုက်

南極洲

ကမ္ဘာမြေကြီး

地球

ကုန်းမြေ

陸地

ပင်လယ်

海

ကျွန်း

島

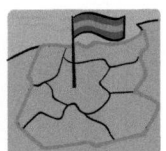

နိုင်ငံကူးလက်မှတ်

國家

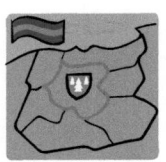

ပြည်နယ်

州

နာရီမျက်နာပြင်

錶盤

နာရီလက်တံ

時針

မိနစ်လက်တံ

分針

ဒုတိယလက်တံ

秒針

ဘယ်အချိန်ရှိပြီလဲ။

現在幾點？

ရက်

天

အချိန်

時間

ယခု

現在

ဒစ်ဂျိတယ် လက်ပတ်နာရီ

電子錶

မိနစ်

分

နာရီ

時

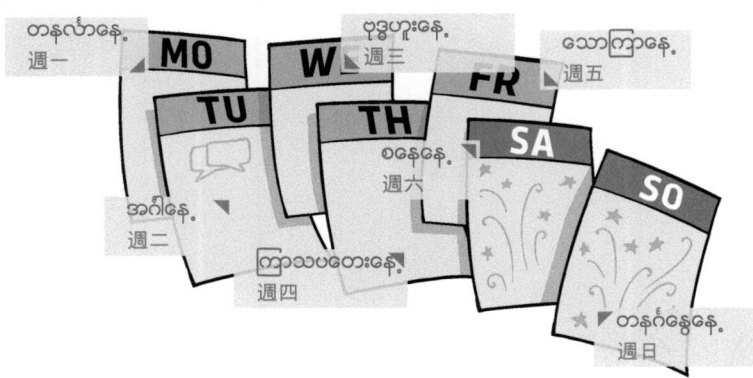

တနင်္လာနေ့ 週一   MO   W ▸ 週三   ဗုဒ္ဓဟူးနေ့   FR ▸ 週五   သောကြာနေ့

TU   TH   စနေနေ့ 週六   SA   SO

အင်္ဂါနေ့ 週二   ကြာသပတေးနေ့ 週四   တနင်္ဂနွေနေ့ 週日

မနေ့က

昨天

ယနေ့

今天

မနက်ဖြန်

明天

မနက်

早晨

နေ့လည်

中午

ညနေ

晚上

MO	TU	WE	TH	FR	SA	SU
1	2	3	4	5	6	7
8	9	10	11	12	13	14
15	16	17	18	19	20	21
22	23	24	25	26	27	28
29	30	31	1	2	3	4

အလုပ်လုပ်ရက်များ

工作日

MO	TU	WE	TH	FR	SA	SU
1	2	3	4	5	6	7
8	9	10	11	12	13	14
15	16	17	18	19	20	21
22	23	24	25	26	27	28
29	30	31	1	2	3	4

စနေ တနင်္ဂနွေ အားလပ်ရက်

週末

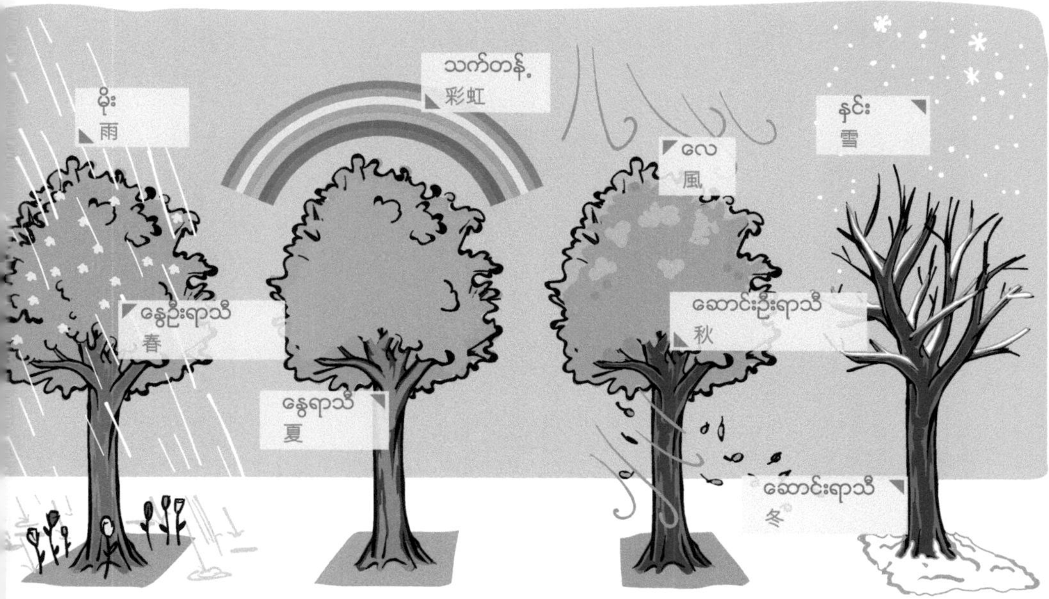

မိုး
雨

သက်တန့်
彩虹

လေ
風

နှင်း
雪

နွေဦးရာသီ
春

နွေရာသီ
夏

ဆောင်းဦးရာသီ
秋

ဆောင်းရာသီ
冬

4.APRIL	11°	☀
5.APRIL	4°	☁
6.APRIL	13°	☁
7.APRIL	8°	☀
8.APRIL	10°	☀

လေဝသ ကြိုတင်ခန့်မှန်းချက်

天氣預告

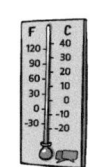

အပူချိန်တိုင်း ကိရိယာ

溫度計

နေရောင်ခြည်

陽光

တိမ်

雲

မြူ

霧

စိုထိုင်းဆ

潮濕

လျှပ်စီးလက်ခြင်း

閃電

မိုးကြိုး

打雷

မုန်တိုင်း

風暴

မိုးသီး

冰雹

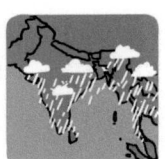

မိုးရာသီ

季風

ရေကြီးခြင်း

洪水

ရေခဲ

冰

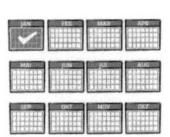

ဇန်နဝါရီလ

一月

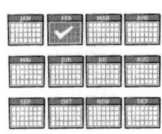

ဖေဖော်ဝါရီလ

二月

မတ်လ

三月

ဧပြီလ

四月

မေလ

五月

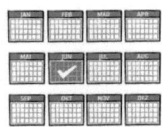

ဇွန်လ

六月

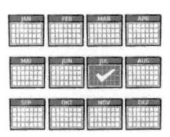

ဇူလိုင်လ

七月

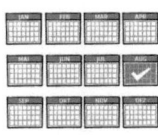

သြဂုတ်လ

八月

နှစ် - 年

စက်တင်ဘာလ
....
九月

အောက်တိုဘာလ
....
十月

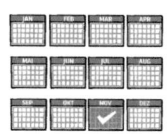

နိုဝင်ဘာလ
....
十一月

ဒီဇင်ဘာလ
....
十二月

ပုံစံများ
形狀

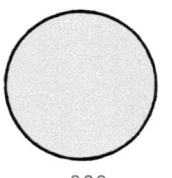

စက်ဝိုင်း
....
圓形

စတုရန်း
....
正方形

ထောင့်မှန်စတုဂံ
....
長方形

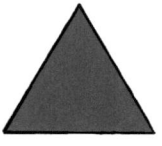

တြိဂံ
....
三角形

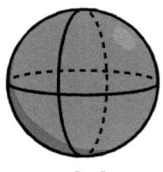

စက်ဝန်း
....
球體

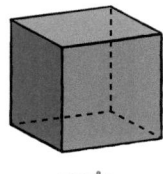

အတုံး
....
立方體

အဖြူရောင်

白

အဝါရောင်

黃

လိမ္မော်ရောင်

橙

ပန်းရောင်

粉

အနီရောင်

紅

ခရမ်းရောင်

紫

အပြာရောင်

藍

အစိမ်းရောင်

綠

အညိုရောင်

棕

မီးခိုးရောင်

灰

အနက်ရောင်

黑

အများအပြား / အနည်းငယ်

很多/少許

စိတ်ဆိုးသော /
စိတ်တည်ငြိမ်သော

生氣/平靜

လှပသော / ရုပ်ဆိုးသော

美/醜

အစ / အဆုံး

首/尾

အကြီးသော / အငယ်

大/小

တောက်ပသော / မှောင်မဲသော

明/暗

ညီအစ်ကို / ညီအစ်မ

兄弟/姐妹

သန့်ရှင်းသော / ညစ်ပတ်သော

乾淨/骯髒

ပြည့်စုံသော / မပြည့်စုံသော

完整/缺失

နေ့ / ည

白天/晚上

သေသော / ရှင်သော

死/生

ကျယ်သော / ကျဉ်းသော

寬/窄

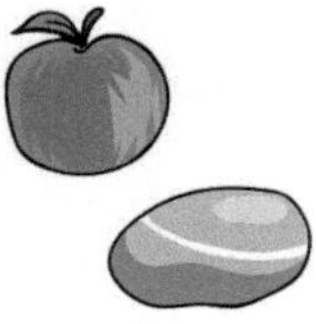

စားသုံးနိုင်သော / မစားသုံးနိုင်သော

可食用/非食用

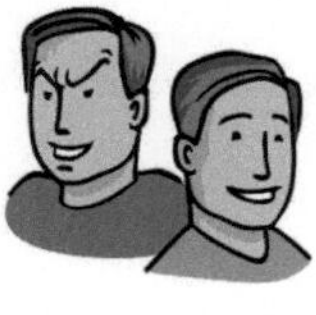

စိတ်ယုတ်သော / ကြင်နာသော

邪惡/善良

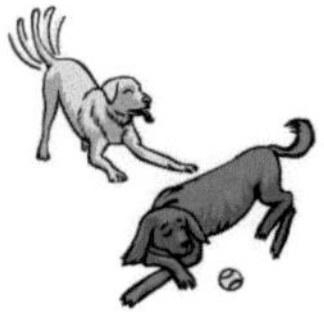

စိတ်လှုပ်ရှားဖွယ် / ပျင်းရိဖွယ်

興奮/無聊

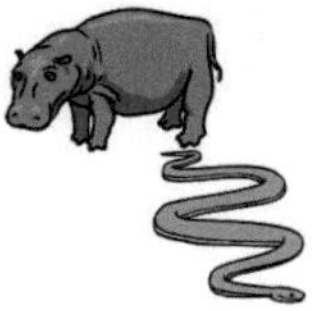

ဝသော / ပိန်သော

胖/瘦

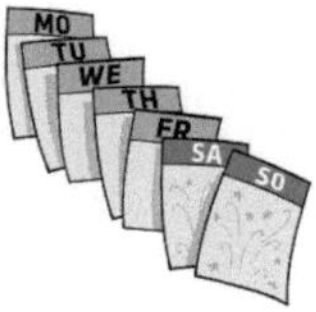

ပထမ / နောက်ဆုံးပိတ်

第一/最後

မိတ်ဆွေ / ရန်သူ

朋友/敵人

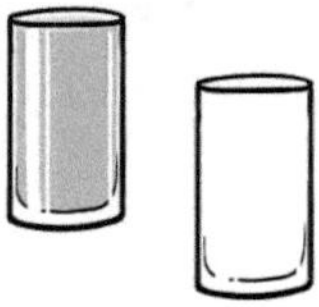

အပြည့် / ဘာမှမရှိ

滿/空

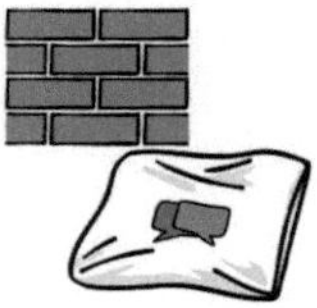

မာသော / ပျော့သော

硬/軟

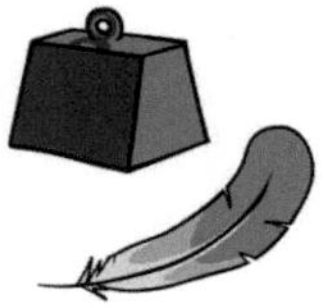

လေးလံသော / ပေါ့ပါးသော

重/輕

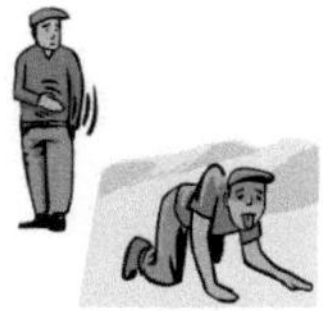

ိုဆာလောင်သော / ရေဆာသော

餓/渴

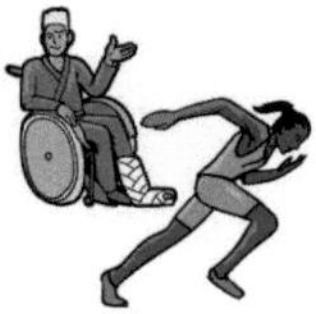

နာမကျန်းသော / ကျန်းမာသော

生病/健康

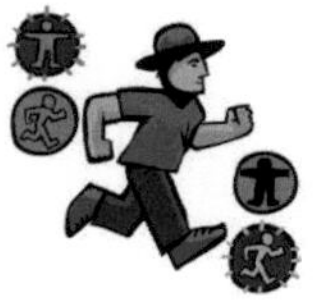

တရားမဝင်သော / တရားဝင်သော

非法/合法

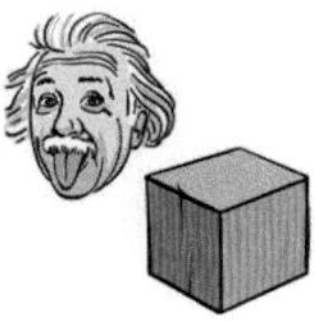

ဉာဏ်ကောင်းသော / ထိုင်းသော

聰明/愚笨

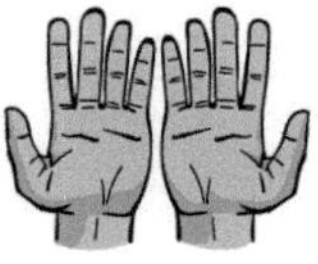

ဘယ် / ညာ

左/右

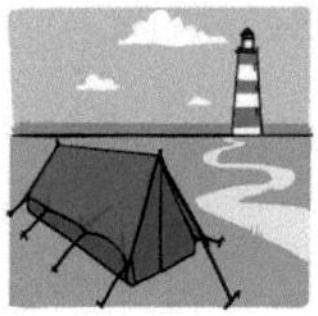

နီးသော / ဝေးသော

近/遠

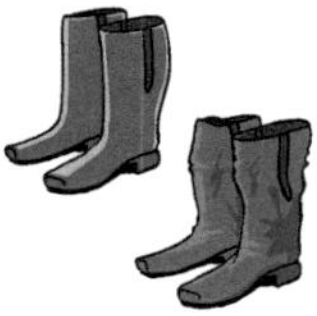

အသစ် / အသုံးပြုပြီးသား

新/舊

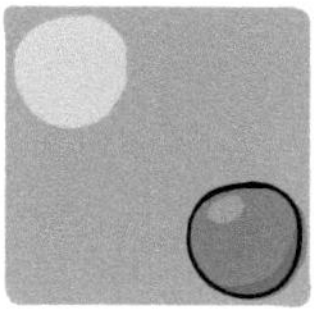

ဘာမှမရှိ / တစ်ခုခု

沒有/有些

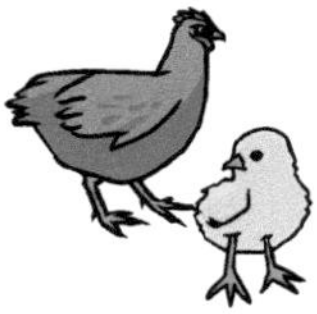

အသက်ကြီးသော / ငယ်ရွယ်သော

老/幼

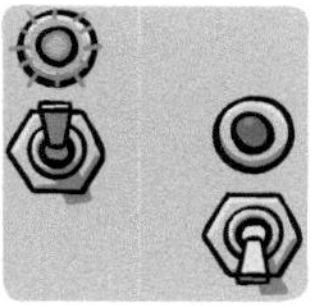

ဖွင့်သော / ပိတ်သော

開/關

ဖွင့်သော / ပိတ်သော

打開/闔上

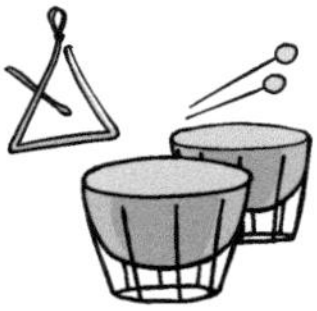

တိတ်ဆိတ် / ကျယ်လောင်

安靜/吵鬧

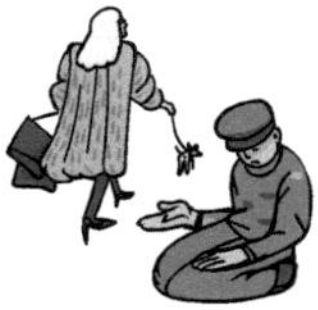

ချမ်းသာ / ဆင်းရဲ

富/窮

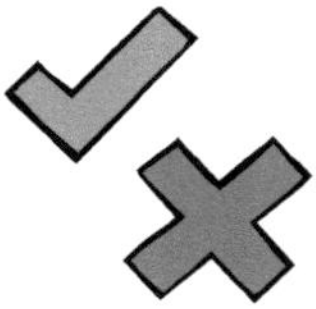

အမှန် / အမှား

對/錯

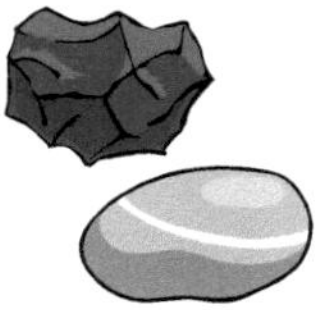

ကြမ်းတမ်း / ချောမွေ့

粗糙/光滑

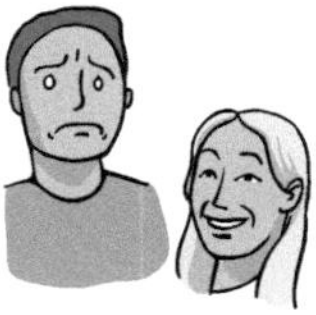

ဝမ်းနည်း / ဝမ်းသာ

傷心/高興

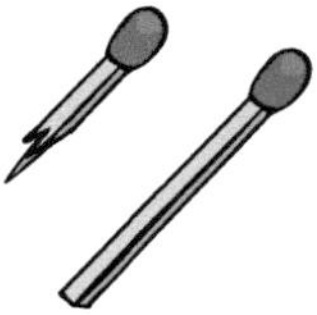

အတို / အရှည်

短/長

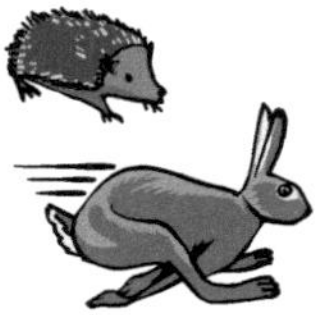

အနှေး / အမြန်

慢/快

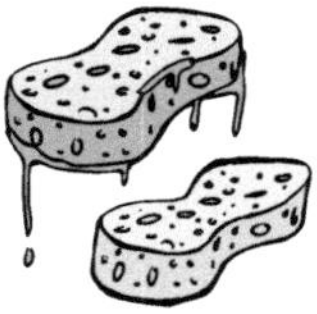

စွတ်သော / ခြောက်သွေ့သော

濕/乾

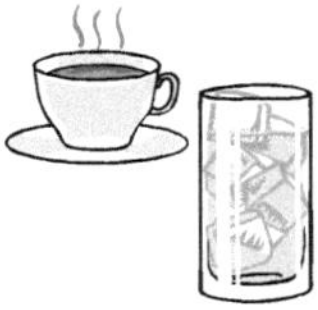

နွေးထွေးသော / အေးမြသော

溫暖/涼爽

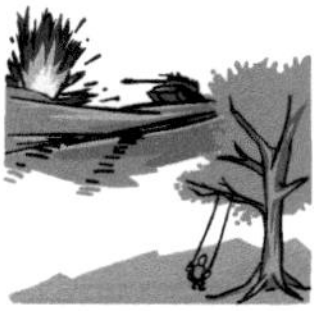

စစ် / ငြိမ်းချမ်းရေး

戰爭/和平

0

သုည

零

1

တစ်

一

2

နှစ်

二

3

သုံး

三

4

လေး

四

5

ငါး

五

6

ခြောက်

六

7

ခုနှစ်

七

8

ရှစ်

八

9

ကိုး

九

10

တစ်ဆယ်

十

11

ဆယ့်တစ်

十一

12

ဆယ့်နှစ်
十二

13

ဆယ့်သုံး
十三

14

ဆယ့်လေး
十四

15

ဆယ့်ငါး
十五

16

ဆယ့်ခြောက်
十六

17

ဆယ့်ခုနစ်
十七

18

ဆယ့်ရှစ်
十八

19

ဆယ့်ကိုး
十九

20

နှစ်ဆယ်
二十

100

ရာ
百

1.000

ထောင်
千

1.000.000

မီလျံ
百萬

語言

အင်္ဂလိပ် ဘာသာစကား
....
英語

အမေရိကန် အင်္ဂလိပ်
ဘာသာစကား
美式英語

တရုတ် မန်ဒရင်း ဘာသာစကား
....
普通話

ဟိန္ဒူ ဘာသာစကား
....
印地語

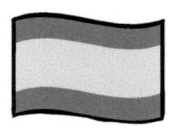

စပိန် ဘာသာစကား
....
西班牙語

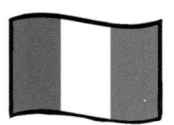

ပြင်သစ် ဘာသာစကား
....
法語

အာရဘီ ဘာသာစကား
....
阿拉伯語

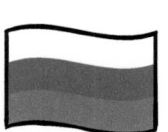

ရုရှ ဘာသာစကား
....
俄語

ပေါ်တူဂီ ဘာသာစကား
....
葡萄牙語

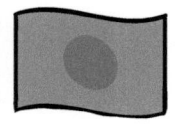

ဘင်္ဂါလီ ဘာသာစကား
....
孟加拉語

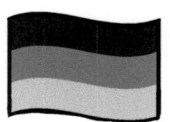

ဂျာမန် ဘာသာစကား
....
德語

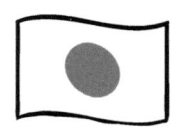

ဂျပန် ဘာသာစကား
....
日語

ဘာသာစကားများ - 語言

ကျွန်ုပ်

我

သင်

你

သူ / သူမ / ၎င်း

他/她/它

ကျွန်ုပ်တို့

我們

သင်တို့

你們

သူတို့

他們

ဘယ်သူလဲ။

誰?

ဘာလဲ။

什麼?

ဘယ်လိုလဲ။

如何?

ဘယ်နေရာလဲ။

何處?

ဘယ်အချိန်လဲ။

何時?

အမည်

名字

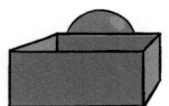

အ‌နောက်ဖက်

後面

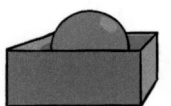

အတွင်း

裡面

အရှေ့ဖက်

前面

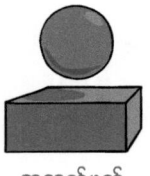

အထက်ဖက်

上方

အ‌ပေါ်ဖက်

上面

အ‌အောက်ဖက်

下麵

‌ဘေးဖက်

旁邊

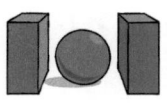

‌ကြား

中間

‌နေရာ

地點